EJERCICIOS Y CUESTIONES DE FISCALIDAD

13.ª edición

EJERCICIOS Y CUESTIONES DE FISCALIDAD

13.ª edición

Miguel Ángel Barberán Lahuerta
José María Gómez Sancho
Marta Melguizo Garde
Fernando Rodrigo Sauco
Jaime Sanaú Villarroya
Carmen Trueba Cortés
Ana Isabel Zárate Marco

PRENSAS DE LA UNIVERSIDAD DE ZARAGOZA

© Miguel Ángel Barberán Lahuerta, José María Gómez Sancho, Marta Melguizo Garde, Fernando Rodrigo Sauco, Jaime Sanaú Villarroya, Carmen Trueba Cortés y Ana Isabel Zárate Marco

© De la presente edición, Prensas de la Universidad de Zaragoza (Vicerrectorado de Cultura y Patrimonio) 13.ª edición, 2025

Colección de Textos Docentes, n.º 224

Prensas de la Universidad de Zaragoza. Edificio de Ciencias Geológicas, c/ Pedro Cerbuna, 12, 50009 Zaragoza, España. Tel.: 976 761 330 puz@unizar.es   http://puz.unizar.es

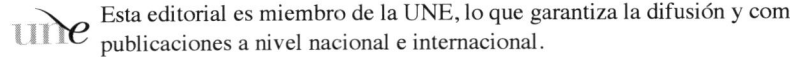 Esta editorial es miembro de la UNE, lo que garantiza la difusión y comercialización de sus publicaciones a nivel nacional e internacional.

ISBN 979-13-87705-91-6 Impreso en España Imprime: Servicio de Publicaciones. Universidad de Zaragoza D.L.: Z 1180-2025

NOTA DE LOS AUTORES

El material que se propone en las siguientes páginas se ha postulado como una herramienta valiosa y consolidada para el estudio de las asignaturas de fiscalidad en los distintos Grados universitarios. De hecho, el libro nació con un objetivo marcadamente didáctico que determina su estructura y su contenido: el estudio y la comprensión de los principales impuestos españoles.

Desde siempre, el conocimiento del sistema fiscal ha sido un reto importante para nuestros estudiantes por la propia configuración del panorama tributario, con una amplia variedad de normas de diverso origen y rangos diferentes expuestas a constante revisión, por las distintas alternativas que existen en el entorno de la planificación tributaria y por una terminología propia y compleja. Todo ello hace que el aprendizaje de esta materia exija un esfuerzo considerable por parte del alumno, que requerirá de materiales adicionales que faciliten su comprensión.

La extensión del estudio de la fiscalidad, en todos los ámbitos relacionados con el análisis de la economía y la empresa, hacen oportuna esta obra. En sí misma, supone un complemento preciso al manual de legislación, necesario para el trabajo de la asignatura. Además, ofrece al alumno un soporte adecuado al nivel de complejidad y de exigencia de las asignaturas de fiscalidad de los Grados y, por lo tanto, los casos prácticos que proporciona sirven como material de trabajo de clase y proporciona distintas alternativas para la preparación de las pruebas.

Su contenido está dirigido exclusivamente a aquellos tributos que deben formar parte de la aproximación del estudiante al sistema fiscal español y que constituyen el contenido de las asignaturas de fiscalidad de los distintos Grados. Nos hemos centrado en el análisis de las tres principales figuras (IVA, IS e IRPF) y de un conjunto de impuestos locales y autonómicos con amplia presencia en la imposición en España (IBI, IAE, IIVTNU e IP).

Se dedican a estos impuestos los cinco primeros capítulos del libro. La estructura con la que se presentan parte de una reseña normativa y de un breve esquema de liquidación. El grueso del contenido se corresponde con el bloque de ejercicios, que son de dos tipos. El primer grupo se refiere a cuestiones concretas, con las que se incide en los elementos cualitativos y cuantitativos de los impuestos. El segundo contiene un bloque de casos prácticos, que se centran en el proceso de liquidación de los impuestos.

En el sexto capítulo, se proponen algunos ejercicios globales, cuya resolución requiere aplicar los conocimientos adquiridos con anterioridad y que suponen una aproximación a las pruebas que los alumnos tendrán que afrontar en el desarrollo de las asignaturas.

En todos los capítulos, se presentan supuestos que incorporan las soluciones y otros cuya resolución recae en el estudiante. Todo ello se plantea con la intención de que suponga un refuerzo al trabajo cotidiano desarrollado en las aulas.

Conviene dejar claro que este manual pretende ser una primera ayuda al estudio y conocimiento del sistema fiscal español y mantiene en sus estructuras y contenidos el objetivo didáctico que ha inspirado su realización. El alumno que quiera especializarse o profundizar más en esta materia deberá complementarlo con otras obras.

En definitiva, *Ejercicios y cuestiones de fiscalidad* ofrece un compendio de materiales amplio, estructurado y actualizado que facilita la asimilación de los contenidos básicos. Este es el planteamiento de partida de quienes con tanta ilusión hemos participado en su realización. Confiamos en que quienes se sirvan de esta obra refrenden nuestras intenciones y la consideren un instrumento útil para su formación.

En esta decimotercera edición, se han tenido en cuenta las experiencias recogidas durante los cursos anteriores, dándose nueva redacción a algunos enunciados y soluciones para una mejor comprensión por parte de los lectores. Así mismo, se recogen los cambios en las soluciones que provocan las novedades que en la normativa fiscal se han aprobado hasta el cierre del libro.

8 de julio de 2025

1. IMPUESTOS LOCALES

1.1. Impuesto sobre Bienes Inmuebles

1.1.1. Regulación

Ley 7/1985, de 2 de abril, reguladora de las Bases del Régimen Local (arts. 105 a 111).

RDL 2/2004, de 5 de marzo, por el que se aprueba el texto refundido de la Ley Reguladora de las Haciendas Locales (LRHL) (arts. 60 a 77).

RDL 1/2004, de 5 de marzo, por el que se aprueba el texto refundido de la Ley del Catastro inmobiliario.

Ordenanzas fiscales municipales.

1.1.2. Esquema de liquidación

BASE IMPONIBLE = valor catastral (VC) de los bienes inmuebles (art. 65 LRHL)

− Reducciones (arts. 66-70 LRHL)

= BASE LIQUIDABLE

* Tipo de gravamen (arts. 71 y 72 LRHL)

= CUOTA ÍNTEGRA

− Bonificaciones (obligatorias: art. 73 LRHL y potestativas: 74 LRHL)

= CUOTA LÍQUIDA

+ Recargos (Ayuntamiento: art. 72.4.3.^{er} párrafo LRHL y Áreas Metropolitanas: art. 153 LRHL)

= DEUDA TRIBUTARIA

1.1.3. Cuestiones resueltas

Cuestión 1. No sujeción y exenciones

Determine y justifique la sujeción o exención de los siguientes bienes inmuebles en el IBI:

a) La embajada de Noruega en España.
b) La sede de la Diputación General de Aragón en Zaragoza.
c) El parque de Macanaz de Zaragoza, en la margen izquierda del Ebro.
d) El aeropuerto de Huesca.
e) La Academia General Militar de Zaragoza.
f) El campo de maniobras militares «San Gregorio».

SOLUCIÓN (acudir a la LRHL)

a) Sujeto y exento si hay convenio internacional de reciprocidad (art. 62.1).
b) Sujeto y no exento.
c) No sujeto (art. 61.5).
d) Sujeto y no exento.
e) Exento (art. 62.1).
f) Exento (art. 62.1).

Cuestión 2. Sujeto pasivo

Determine el sujeto pasivo del IBI en los siguientes casos:

a) Una finca rústica en la que la nudapropiedad pertenece a Amelia Sánchez y el usufructo a su sobrino José Sánchez desde el año anterior.

b) Un piso propiedad de Esther Marín, destinado a vivienda, que lo tiene arrendado a Emilio Sánchez.

c) Una autopista de peaje construida sobre los terrenos propiedad del ayuntamiento y explotada mediante concesión administrativa por una empresa privada.

d) Un solar urbano propiedad de la empresa inmobiliaria PICOS, S. A. sobre el que se ha constituido un derecho de superficie por 15 años en favor de la empresa PARQUIN, S. A. con el fin de explotar un aparcamiento público.

e) Un centro escolar propiedad de una asociación de padres de carácter religioso.

f) Un chalet en la sierra madrileña adquirido por Mariano del Real, el 7 de julio, a Elisenda de los Mares.

SOLUCIÓN (acudir a la LRHL)

a) El sujeto pasivo es el usufructuario, es decir, el sobrino (art. 61.1.c).

b) El sujeto pasivo es la propietaria, Ester Martín (art. 61.1.d).

c) El sujeto pasivo es la empresa concesionaria de la autopista (art. 61.1.a).

d) El sujeto pasivo es la empresa titular del derecho de superficie (PARQUIN,S.A.) (art. 61.1.b).

e) El sujeto pasivo es la asociación de padres (art. 63.1).

f) El sujeto pasivo es Elisenda de los Mares, ya que es la propietaria (art. 63.d) el día del devengo del impuesto (art. 75.1).

Cuestión 3. Diseño tributario

Señalar, entre las siguientes circunstancias, aquellas que pueden tener relevancia a efectos de determinar la cuota tributaria del IBI:

a) El cambio de titularidad en la propiedad del inmueble.

b) El año en que se ha aprobado la ponencia de valores en el municipio.

c) El uso al que se destina el inmueble, residencial o no residencial.

d) El porcentaje que el valor catastral del suelo suponga respecto del valor catastral total.

e) El hecho de que el inmueble esté arrendado en la fecha del devengo

SOLUCIÓN (acudir a la LRHL)

a) El devengo del impuesto se produce el 1 de enero, no teniendo repercusión sobre la cuota y el sujeto pasivo el hecho de cambio en la titularidad.

b) La aprobación de la ponencia de valores tiene especial relevancia en el cálculo de la cuota tributaria, dado que de ello depende las reducciones que se puedan practicar sobre la base imponible (art. 67.1).

c) Que el bien inmueble tenga uso residencial o no podría ser determinante en el cálculo de la cuota, ya que si fuera de uso no residencial podría tener tipo de gravamen diferenciado, y ello determinar una cuota distinta (art. 72.4).

d) La proporción que el valor catastral del suelo o de la construcción representa sobre el total es irrelevante en el cálculo de la cuota tributaria.

e) El gravamen recae sobre el propietario o usufructuario, independientemente de que el inmueble esté alquilado o no.

Cuestión 4. Bonificaciones

Determine si es obligatorio o potestativo para los ayuntamientos establecer bonificaciones para los siguientes bienes inmuebles en sus Ordenanzas Fiscales:

a) Los terrenos rústicos de las cooperativas agrarias.
b) El hospital Miguel Servet de Zaragoza.
c) La estación del AVE *Zaragoza-Delicias*.
d) El edificio que alberga la Facultad de Economía y Empresa de Zaragoza.
e) Una central nuclear.
f) Un solar de propiedad municipal cedido por 10 años a una empresa para su explotación como aparcamiento en superficie a cambio de un canon anual.

SOLUCIÓN (acudir a la LRHL)

a) Es obligatorio (art. 73.3).
b) No es posible establecer una bonificación, aunque el ayuntamiento podría establecer una exención (art. 62.3).
c) No es posible establecer una bonificación.
d) La bonificación es potestativa (art. 74.2 bis).
e) Sí, siempre que se aplique a todas las centrales nucleares del municipio en caso de haber más de una (art. 74.3).
f) No es posible establecer una bonificación.

1.1.4. Ejercicios resueltos

Ejercicio 1

Pilar García y José Gómez adquirieron en régimen de gananciales, cuando se casaron hace 20 años, la vivienda en la que residen. En septiembre de 2022, recibieron notificación de la Gerencia del Catastro de la provincia en la que constaba un valor catastral del inmueble de 315.256 €. No impugnaron dicha notificación en el plazo establecido al efecto, por lo que el indicado valor catastral entró en vigor el 1 de enero de 2023 (y se mantuvo en 2024). Se sabe que el valor catastral de 2022 era de 152.400 €.

Se pide:

Calcular el importe de la cuota tributaria en 2025 sabiendo que, en la ordenanza fiscal aprobada por el pleno municipal, el tipo de gravamen del IBI para bienes urbanos se ha fijado en un 0,6491%.

SOLUCIÓN

El hecho imponible que queda gravado es la propiedad de una vivienda. El sujeto pasivo es la comunidad de bienes formada por el matrimonio y el devengo se produce el 1 de enero de 2025.

Elementos	Valor
Valor catastral total (1)	315.256,00
Base imponible	315.256,00
Reducciones (art. 68 LRHL):	
Coeficiente reductor para 2025 (2)	0,7
Valor catastral t	315.256,00
Base liquidable t-1	152.400,00
Componente individual	162.856,00
Reducción 2025 (Comp. Indiv. * Coef.)	113.999,20
Base liquidable: BI - Reducciones	201.256,80
Tipo gravamen	0,006491
Cuota integra	1.306,36

Notas explicativas:

(1) El valor catastral de 2025 coincide con el de 2024, porque el coeficiente de actualización para este año es 1.

(2) Puesto que 2025 es el tercer año tras la revisión catastral, el coeficiente de reducción a la hora de calcular la base liquidable es de 0,7.

Ejercicio 2

El matrimonio Sánchez Domingo está considerando la posibilidad de adquirir un apartamento, a modo de segunda residencia, en la montaña. La agencia inmobiliaria les ha indicado que el valor catastral de este ejercicio es de 18.000 € correspondiente al suelo y 32.000 € a la construcción. Se supone que hace más de 10 años que entró en vigor la última revisión catastral.

Se pide:

Calcular, con las hipótesis que se consideren necesarias:

a) La deuda tributaria del IBI en el caso de que el ayuntamiento hubiera optado por aplicar el máximo tipo de gravamen en 2025.

b) La deuda tributaria del IBI si, por el contrario, el ayuntamiento hubiera optado por aplicar el mínimo tipo de gravamen en 2025.

c) La deuda tributaria en el caso b) si el nuevo valor catastral hubiera entrado en vigor en 2024 y la ponencia de valores aprobada en 2023 lo hubiera elevado en un 25%, siendo en 2023 de 50.000 €.

SOLUCIÓN

a) Si se aplica el máximo tipo de gravamen:

Valor catastral total	50.000
Valor catastral suelo	18.000
Valor catastral construcción	32.000
Base imponible	50.000
Reducciones (1)	
Base liquidable: BI – Reducciones	50.000
Tipo gravamen (2)	1,1%
Cuota íntegra	550

b) Si se aplica el mínimo tipo de gravamen:

Valor catastral total	50.000
Valor catastral suelo	18.000
Valor catastral construcción	32.000
Base imponible	50.000
Base liquidable: BI – Reducciones	50.000
Tipo gravamen	0,4%
Cuota íntegra	200

c) Caso b) pero habiéndose modificado el valor catastral:

Valor catastral 2023	50.000
Valor catastral 2024	62.500
Base imponible 2025	62.500
Reducciones (art. 68 LRHL):	
Coeficiente reductor para 2025	0,8
Valor catastral t	62.500
Base liquidable t– 1	50.000
Componente individual	12.500

Reducción (Comp. Indiv. * Coef.) (3)	10.000
Base liquidable: BI –Reducciones	52.500
Tipo gravamen	0,4%
Cuota íntegra	210

Notas explicativas:

(1) No proceden reducciones porque han pasado más de 10 años desde la última revisión catastral (art. 68 LRHL), por tanto, el porcentaje de reducción es 0%.

(2) Se supone que el municipio, por su reducido tamaño, no presta los servicios señalados en el art. 72 LRHL.

(3) 12.500 * 0.8 = 10.000, ya que 2025 es el segundo año tras la entrada del nuevo valor catastral.

Ejercicio 3

Se conocen los siguientes datos para 2025 referentes a Eufemiano Carvallo:

1. Es nudopropietario de un piso, cuyo valor catastral actualizado asciende a 50.000 €.

2. Es propietario de un piso destinado a arrendamiento cuyo valor catastral actualizado asciende a 30.000 €.

3. Posee un inmueble urbano (solar) cuyo valor catastral actualizado es de 40.000 €, sobre el que desarrolla el objeto de la actividad constructora ejercida por Eufemiano, que no figura entre los bienes de su inmovilizado y en el que empezó a construir en el año 2023.

Los citados bienes están localizados en un término municipal de 12.000 habitantes que no es capital de provincia ni de comunidad autónoma. El ayuntamiento de ese municipio, haciendo uso de las facultades que le confiere el Real Decreto Legislativo 2/2004, por el que se aprueba el Texto Refundido de la LRHL, ha acordado, para el período impositivo de 2025, la fijación de los tipos de gravamen en el máximo que dicha ley le permite. En dicho municipio se presta servicio de transporte público colectivo y no se proporcionan más servicios que aquellos a los que están obligados por Ley 7/1985.

Se pide:

a) Determinar los tipos de gravamen del IBI de dicho municipio.

b) Las liquidaciones del Impuesto sobre Bienes Inmuebles que el ayuntamiento deberá practicar por el período 2025 a Eufemiano. El ayuntamiento no aplica reducciones de la base imponible.

SOLUCIÓN

a) Tipos de gravamen. Según el art. 72 LRHL, el tipo de gravamen máximo que establecerá el ayuntamiento, en aplicación de sus características, será:

	Tipo de bienes		
	naturaleza urbana	naturaleza rústica	característic as especiales
Tipo de gravamen máximo (art. 72.1 LRHL)	1,1%	0,9%	1,3%
Por prestarse el servicio de transporte público colectivo (art. 72.3 LRHL)	0,07%	0,05%	
Tipo de gravamen aplicable	1,17%	0,95%	1,3%

b) Liquidaciones del IBI de Eufemiano:

b.1. Inmueble del que es nudo propietario. Eufemiano no es el sujeto pasivo de este inmueble. El sujeto pasivo será el titular del derecho real de usufructo sobre este inmueble, pues será quien esté realizando el hecho imponible (art. 61 LRHL).

b.2. Inmueble destinado a arrendamiento. Eufemiano tendrá que pagar el IBI por este inmueble cuyo valor catastral actualizado es de 30.000 €.

Base imponible = 30.000 €.
Reducción = 0 €.
Base liquidable = 30.000 €.
Cuota íntegra = 30.000 * 1,17% = 351 € = Deuda tributaria, al no haber bonificaciones.

c) Solar objeto de su actividad constructora. Eufemiano es sujeto pasivo del IBI por este inmueble cuyo valor catastral actualizado es de 40.000 € y disfrutará de una bonificación en la cuota por constituir dicho solar el objeto de una actividad constructora, no figurar entre los bienes de su inmovilizado y estar en plazo de disfrute de la misma (art. 73.1 LRHL). Dicha bonificación será del 90% si no ha habido acuerdo municipal con respecto a la cuantía de la misma.

Base imponible = 40.000 €.
Reducción = 0 €.
Base liquidable = 40.000 €.
Cuota íntegra = 40.000 * 1,17% = 468 €.
Bonificación = 90% * 468 = 421,2 €.
Cuota líquida = 46,8 € = Deuda tributaria.

1.1.5. Cuestiones propuestas

Cuestión 1. No sujeción y exenciones

Determine y justifique la sujeción o exención de los siguientes bienes inmuebles en el IBI:

a) Una casa de campo, situada en un paraje rústico, utilizada como lugar de recreo y reposo en determinadas épocas del año por una comunidad evangelista, estando legalmente reconocida.

b) Las instalaciones de un colegio en régimen de concierto educativo.

c) La oficina central de una ONG con sede en Madrid.

d) Un parque de uso público, recientemente inaugurado tras su rehabilitación.

e) Una finca situada en un monte forestal destinada a la producción de madera de pino.

f) Un huerto destinado al cultivo de hortalizas.

g) Un inmueble de interés artístico que forma parte del Patrimonio Histórico Español.

No olvide consultar, entre otros, el art. 62 LRHL.

Cuestión 2. Sujeto pasivo

Indique quién sería el sujeto pasivo del IBI para 2025 en las siguientes situaciones:

a) Cristóbal es propietario de un inmueble que constituye su vivienda habitual, a 1 de enero de 2025.

b) Mariano es arrendatario de un apartamento que constituye su residencia de verano, a 1 de enero de 2025.

c) Marta y Ángel heredan de su padre un local comercial, el día 28 de marzo de 2024.

d) Marta y Ángel heredan de su padre un local comercial, el día 28 de marzo de 2025, quedando como usufructuaria vitalicia su madre.

No olvide consultar, entre otros, los arts. 61 y 63 LRHL.

Cuestión 3. Base imponible y base liquidable

Calcule la base imponible y la base liquidable para 2025 en los siguientes casos:

a) Inmueble con valor catastral actualizado de 2025 de 190.000 €. Valor catastral de 2016, 139.000 €. Valor catastral de 2017, 180.000 €. Entrada en vigor de la ponencia de valores: 2017.

b) Inmueble con valor catastral actualizado de 2025 de 190.000 €. Entrada en vigor de la ponencia de valores: 1997.

No olvide consultar, entre otros, los arts. 68 y 69 LRHL.

Cuestión 4. Repercusión del impuesto

Petra reside en un piso arrendado cuya propiedad pertenece al ayuntamiento de la localidad en la que vive. El piso fue terminado de construir en 2017 es de 30.000 €. El ayuntamiento requiere a Petra el pago de una cuota tributaria de 165,45€. ¿Se ajusta a derecho la citada demanda?

No olvide consultar, entre otros, el art. 63.2, segundo párrafo LRHL.

1.1.6. Ejercicios propuestos

Ejercicio 1

El señor Sánchez es nudopropietario de una finca rústica de 100 hectáreas de extensión y, dentro del núcleo urbano del mismo municipio, dispone de una nave industrial. Un tío carnal del Sr. Sánchez es usufructuario de ambas propiedades y las explota en su propio beneficio. El valor catastral actualizado de este ejercicio 2025, que fue revisado en ponencia de valores que entró en vigor en 1997, es de 23.000 € para la finca rústica y de 42.520 € para la nave (suelo más edificación).

Se pide:

a) Determinar el o los sujetos pasivos del IBI.

b) Calcular la cuota tributaria del IBI en 2025, sabiendo que en el municipio se aplica el tipo mínimo tanto para bienes urbanos como rústicos.

c) Calcular la cuota tributaria mínima del IBI para 2025 de la nave industrial, suponiendo que el municipio hubiera aprobado en 2024 una ponencia de valores de los bienes urbanos que hubiera incrementado su valor en un 30%, fijándolo para 2025 en 42.520 € para la nave.

Ejercicio 2

Mariano es propietario de un pequeño huerto ubicado en las afueras de La Cartuja (Zaragoza), cuya base liquidable en 2025 es de 620 €.

Se pide:

Determinar la cuota que debería pagar por el IBI de 2025.

1.2. Impuesto sobre Actividades Económicas

1.2.1. Regulación

RDL 2/2004, de 5 de marzo por el que se aprueba el Texto Refundido de la Ley Reguladora de las Haciendas Locales (LRHL) (arts. 78 a 91).

RDL 1175/1990 de 28 de septiembre por el que se aprueban las tarifas y la instrucción del Impuesto de Actividades Económicas.

RD 243/1995, de 17 de febrero, por el que se dictan normas para la gestión del Impuesto sobre Actividades Económicas y se regula la delegación de competencias en materia de gestión censal de dicho impuesto.

Ordenanzas fiscales municipales.

1.2.2. Esquema de liquidación

CUOTA MÍNIMA MUNICIPAL = Cuota de tarifa + Elemento de superficie (art. 85 LRHL)

* Coeficiente de ponderación (art. 86 LRHL)

= CUOTA PONDERADA

* Coeficiente de situación (art. 87 LRHL)

= CUOTA ÍNTEGRA

– Bonificaciones obligatorias y potestativas (art. 88 LRHL)

= CUOTA LÍQUIDA

 + Recargo provincial (art. 134 LRHL)

= DEUDA TRIBUTARIA

Reducción del cómputo del elemento de superficie

Superficie computable (regla 14. 1. F de la Instrucción):

Solo se tomarán los siguientes porcentajes con respecto a la superficie utilizada:

- El 20% de la superficie no construida o descubierta y que se dedique a depósitos de materias primas o de productos de cualquier clase, secaderos al aire libre, depósitos de agua.
- En instalaciones deportivas afectadas a actividades gravadas, solo se computará el 5% de su superficie, excepto la ocupada por gradas, graderíos y demás instalaciones destinadas a la ubicación del público de lo cual se computará el 20%.
- El 40% de la superficie utilizada para actividades de temporada mediante la ocupación de la vía pública como puestos o similares.
- El 10% de la superficie, cubierta o construida de toda clase de instalaciones deportivas, excepto la ocupada por gradas. graderíos y asientos y demás instalaciones permanentes destinadas a la ubicación del público asistente a los espectáculos deportivos, cinematográficos, teatrales y análogos de la cual se computará el 50 %.
- El 50% de la superficie de los locales destinados a la enseñanza en todos sus grados cuando la actividad no esté exenta.
- El 55% de la superficie de los almacenes y depósitos de todas las clases.

- El 55% de la superficie de los aparcamientos cubiertos.
- No se computará a ningún efecto la superficie no construida o descubierta en la que no se realice directamente la actividad de que se trate, o algún aspecto de esta, tal como la destinada a viales, jardines, zonas de seguridad, aparcamientos, etc.

Del número total de metros cuadrados que resulte de aplicar las normas contenidas en la letra b) anterior, se deducirá, en todo caso, el 5% en concepto de zonas destinadas a huecos, comedores de empresas, ascensores, escaleras y demás elementos no directamente afectos a la actividad gravada.

1.2.3. Cuestiones resueltas

Cuestión 1. No sujeción y exenciones

Indicar, de entre los siguientes supuestos relativos al IAE, si se cumple algún caso de no sujeción o exención en 2025:

a) Sociedad mercantil española que desarrolla una actividad minera en Marruecos.

b) Empresario individual del textil con una cifra neta de negocios en este año de 650.000 € en la fabricación de prendas y de 580.000 € en la venta directa del producto.

c) Una sociedad limitada del sector del metal que facturó:

En 2022, 900.000 €.

En 2023, 1.050.000 €.

En 2024, 875.000 €.

d) Sociedad Anónima dedicada a la venta al detalle de frutos secos con tres tiendas en la misma localidad y con una cifra neta de negocios en el año 2023 de 200.000, 490.000 y 400.000 € en cada establecimiento.

e) Cruz Roja Española, por la realización de cursos de idiomas para inmigrantes.

SOLUCIÓN (acudir a la LRHL)

a) Está no sujeto, ya que no hay realización de la actividad económica en el territorio nacional (art. 78.1).

b) Está exento, ya que se trata de una persona física (art. 82.1 c).

c) Está sujeto y no exento, ya que en el penúltimo ejercicio su cifra de negocio superó el millón de euros (arts. 82.1.c y 82.2).

d) Está sujeto y no exento, ya que la cifra de negocio supera el millón de euros teniendo en cuenta el conjunto de actividades económicas del sujeto pasivo (art. 82.3).

e) Está exento (art. 82.1.g).

Cuestión 2. Diseño tributario

Señalar, entre las siguientes circunstancias empresariales, aquellas que pueden tener relevancia a efectos de determinar la cuota tributaria del IAE:

a) El aumento del número de trabajadores.

b) Que la actividad económica la realice un establecimiento permanente o filial propiedad de una empresa extranjera.

c) Los locales e instalaciones donde se desarrolle efectivamente el objeto social de la empresa.

d) El cumplimiento por parte de una empresa de los requisitos para ser considerada una empresa de reducida dimensión.

e) Los beneficios reales obtenidos por la empresa.

f) La utilización de la sociedad limitada unipersonal como forma jurídica de la empresa.

g) El cese de la actividad a mitad del ejercicio económico, en concreto, el día 20 de julio.

SOLUCIÓN (acudir a la LRHL)

a) Sí, si éste se ha incrementado, podría dar lugar a una bonificación (art. 88.2.b).

b) No se contempla en el diseño tributario del IAE.

c) Sí, son determinantes en la cuantificación del elemento de superficie y, por su ubicación, en el coeficiente de situación (art. 87).

d) No se contempla en el diseño tributario del IAE.

e) Sí, si las ordenanzas municipales han incorporado la bonificación por rentas bajas o rendimientos negativos (art. 88.2.d).

f) La forma societaria no es un elemento considerado en el diseño tributario del IAE, salvo en el caso de las cooperativas.

g) Sí, dado que puede solicitar la devolución de la parte proporcional de los trimestres en los que no se hubiera realizado actividad económica (art. 89.2).

Cuestión 3. Superficie computable

La empresa RIFIRRAFE, S. L., dedicada a prefabricados de hormigón, desarrolla su actividad en unas instalaciones de 2.500 m². Dicha superficie es utilizada del siguiente modo: 200 en oficinas, 400 en un aparcamiento cubierto para vehículos de clientes y 500 en una nave donde se almacenan los productos terminados. El resto de la superficie se destina a depósito de los áridos y materiales empleados en su actividad.

Se pide:

Determinar la superficie computable a efectos del IAE.

SOLUCIÓN

	Superficie real	Porcentaje a efectos IAE	Superficie computable
Oficinas	200	100%	200
Aparcamiento cubierto	400	55%	220
Nave almacén	500	55%	275
Resto	1.400	20%	280
Total			975
Reducción general (1)	975	5%	48,75
TOTAL Superficie computable			926,25

Nota explicativa:

(1) Se deduce el 5% en concepto de zonas destinadas a huecos, comedores de empresas, ascensores, escaleras y demás elementos no directamente afectos a la actividad gravada (regla 14. 1. F de la Instrucción).

Cuestión 4. Bonificaciones

Suponga que el Ayuntamiento de Zaragoza ha establecido en sus ordenanzas municipales la siguiente bonificación por inicio de actividad en los últimos años:

	Año 1	Año 2	Año 3	Año 4	Año 5
Año 2022	50%	40%	30%	20%	10%
Año 2023	40%	30%	20%	20%	10%
Año 2024	50%	40%	30%	20%	10%
Año 2025	50%	40%	30%	20%	10%

Sabemos que la empresa BÍLBILIS, S. A., inició su actividad en Zaragoza en el año 2022.

Se pide:

Determinar el importe de la bonificación por inicio de actividad que podrá aplicarse en 2025.

SOLUCIÓN

El año 2025 es el segundo año, después de acabar el periodo de dos años de exención, en el que ejerce la actividad. De acuerdo con las ordenanzas municipales aprobadas por el Ayuntamiento de Zaragoza para el año 2022 (año de inicio de actividad), para ese año le corresponderá un 40% de bonificación sobre la cuota íntegra (art. 88.2.a LRHL).

Cuestión 5. Devolución de cuota

La empresa MUNDOMODA, S. L., dedicada a la distribución de textil, cerró sus instalaciones el 5 de agosto de 2025 al verse inmersa en un concurso de acreedores. De la información fiscal de la empresa relativa al IAE se desprenden los siguientes datos:

Cuota mínima municipal 489 €.
Cuota mínima ponderada 630,8 €.
Cuota íntegra 1.312 €.
Cuota líquida 918,4 €.
Deuda tributaria 1.107,6 €.

Se pide:

Cuantificar la devolución del pago realizado del IAE al que se refiere el art. 89 LRHL por cese de la actividad.

SOLUCIÓN

La LRHL especifica en su art. 89.2 que, en el caso de baja por cese en el ejercicio de la actividad, las cuotas serán prorrateables por trimestres naturales, excluido aquel en el que se produzca dicho cese. Así, se obtendría solamente la devolución del último trimestre (25% de la deuda tributaria que se devengó, es decir, el 25% de 1.107,6 = 276,9 €) ya que el cese se produce el 5 de agosto, una vez comenzado el tercer trimestre y, por tanto, el único trimestre sin actividad alguna ha sido el cuarto.

Cuestión 6. Coeficiente de ponderación

TODOBUENO, S. A. es una empresa que se dedica a la elaboración de productos lácteos para tiendas *gourmet* de restauración. Tiene varias líneas de negocio, como son la fabricación de yogures y la elaboración de quesos. También dispone de varias tiendas por todo el país donde se venden sus productos y, finalmente, aprovechando el reparto de mercancía a sus tiendas, hace portes para otras empresas. La cifra neta de negocios resultante en 2023 ofrece 4.650.000 € por la elaboración de quesos, 120.000 € por la elaboración de yogures, 180.000 € por la venta directa en sus tiendas y 80.000 € por los portes realizados a terceros. A pesar de estas cifras, la empresa tuvo en 2023 unas pérdidas de 40.000 €.

Se pide:

Determinar el coeficiente de ponderación aplicable a la actividad de elaboración de quesos para 2025.

SOLUCIÓN

	Facturación
Elaboración de quesos	4.650.000
Elaboración de yogures	120.000
Venta al detalle	180.000
Portes realizados	80.000
TOTAL	5.030.000

Como, según el art. 86 LRHL, se ha de tener en cuenta el importe neto de la cifra de negocios del conjunto de actividades económicas del sujeto pasivo, y este superó los 5.000.000 de euros, el coeficiente de ponderación aplicable a cualquiera de sus actividades será de 1,30. Las pérdidas habidas en 2023 no influyen en la determinación del coeficiente de ponderación.

1.2.4. Ejercicios resueltos

Ejercicio 1

La empresa BUENJAMÓN, S. C. es una sociedad civil que desarrolla en Teruel, desde 2008, una actividad relacionada con la restauración, con la categoría de tres tenedores, en un local comercial de su propiedad de 700 m² situado en una calle que, según el mapa fiscal de ese Ayuntamiento, está catalogada como de segunda categoría.

Además, desde 2021 desarrolla en un local adyacente de 180 m², que usa en régimen de alquiler, actividades de formación y perfeccionamiento profesional en el ámbito de la hostelería.

La cifra neta de negocios de 2022 por ambas actividades fue de 1.300.000 € mientras que en 2023 llegó hasta 1.450.000 €. Durante 2024 se incrementó en 3 su plantilla media de trabajadores indefinidos de la actividad de restauración.

Adicionalmente, conocemos que el Ayuntamiento de Teruel ha establecido desde 2023 una bonificación del 30% por incremento de empleo.

Se pide:

Calcular la cuota tributaria que tendrá que satisfacer BUENJAMÓN, S. C., en el ejercicio 2025, teniendo en cuenta la siguiente información adicional:

Real decreto legislativo 1175/1990 de 28 de septiembre por el que se aprueban las tarifas y la instrucción del Impuesto de Actividades Económicas.

SECCIÓN PRIMERA

ACTIVIDADES EMPRESARIALES: GANADERAS, MINERAS, INDUSTRIALES, COMERCIALES Y DE SERVICIOS.

DIVISIÓN 6. COMERCIO, RESTAURANTES Y HOSPEDAJE, REPARACIONES.

GRUPO 671. SERVICIOS EN RESTAURANTES.

Epígrafe 671.3. — De tres tenedores. Cuota mínima municipal de:

En poblaciones de más de 500.000 habitantes: 243,84 €.

En poblaciones de más de 100.000 a 500.000 habitantes: 194,70 €.

En poblaciones de más de 40.000 a 100.000 habitantes: 146,18 €.

En poblaciones de más de 10.000 a 40.000 habitantes: 108,86 €.

En las poblaciones restantes: 74,65 €.

DIVISIÓN 9. OTROS SERVICIOS

GRUPO 932-1 ENSEÑANZA DE FORMACIÓN Y PERFECCIONAMIENTO PROFESIONAL, NO SUPERIOR.

Epígrafe 932-1. Cuota mínima municipal de 186 €.

Ordenanza Fiscal núm. 03 Reguladora del Impuesto Sobre Actividades Económicas e índice alfabético de calles. Anexo A: Ordenanza (Ayuntamiento de Teruel)

ARTÍCULO 3.º. Escala de coeficientes.

1. Sobre las cuotas modificadas por la aplicación del coeficiente de ponderación previsto en el artículo anterior, se establece de acuerdo con el artículo 87 del RDL 2/2004, de 5 de marzo, por el que se aprueba el Texto Refundido de la Ley Reguladora de las Haciendas Locales de 27 de diciembre, la siguiente escala de coeficientes que pondera la situación física del local, atendiendo a la categoría de la calle en que radica:

Categoría	Coeficiente
Vías públicas de primera	1,96
Vías públicas de segunda	1,60
Vías públicas de tercera	1,40
Vías públicas de cuarta	1,26

2. Las vías públicas que no figuren en el citado índice alfabético serán consideradas de tercera categoría, hasta tanto se proceda a su clasificación e inclusión.

ARTÍCULO 5.º. Bonificaciones por inicio de actividad.

1. De conformidad con lo establecido en el artículo 21.3 de la Ley 50/1998 de 30 de diciembre, de Medidas Fiscales, Administrativas y de Orden Social, que añade una nota común 2.ª a la Sección 1.ª de las Tarifas del Impuesto, los sujetos pasivos que inicien el ejercicio de cualquier actividad empresarial, a partir del 1 de enero de 2000, y tributen por cuota mínima municipal disfrutarán durante los cinco primeros años de una bonificación en la cuota con arreglo al cuadro siguiente:

Año	Porcentaje de bonificación
1.º año	50
2.º año	50
3.º año	50
4.º año	25
5.º año	25

SOLUCIÓN

BUENJAMÓN, S. C. desarrolla dos actividades distintas por lo que, aunque se lleven a cabo por el mismo sujeto pasivo, se han de pagar dos cuotas distintas en concepto de IAE. El devengo de ambas cuotas se produce el 1 de enero de 2025.

Actividad de restauración	Datos
Cuota de tarifa	108,86
Superficie computable (1)	665
Elemento de superficie (2)	126,96
Cuota mínima municipal	235,82
Cuota mínima ponderada (3)	304,20
Cuota íntegra (4)	486,72
Bonificación creación empleo (5)	146,01
Cuota líquida (6)	340,71
Recargo provincial (7)	91,26
Deuda tributaria (8)	431,97

Notas explicativas:

(1) Es el resultado de restar a los 700 metros reales que tiene el local un 5% en concepto de la reducción general para determinar la superficie computable (regla 14. 1. F de la Instrucción).

(2) Aplicando el valor unitario del elemento superficie a la superficie computable, de acuerdo con las tablas aprobadas en el RDL 1175/1990 de 28 de septiembre, a este tipo de actividad (epígrafe 671.3), se obtiene (500 * 0,204344 + 165 * 0,150253) = 126,96 €. Finalmente, el coeficiente corrector correspondiente a esta actividad y de acuerdo con esa cuota de tarifa es 1,0.

(3) Según el art. 86 LRHL, el coeficiente de ponderación que le corresponde es de 1,29, dado que su cifra de negocio no sobrepasa los 5.000.000 €.

(4) El coeficiente de situación aplicable es de 1,60 ya que ese es el adoptado por el Ayuntamiento de Teruel en sus Ordenanzas Fiscales para las calles de segunda categoría.

(5) Resulta de multiplicar la cuota íntegra por 0,3, el porcentaje que el Ayuntamiento de Teruel ha aprobado por la creación de empleo.

(6) Es el resultado de restar a la cuota íntegra las bonificaciones.

(7) Corresponde al recargo aprobado por la Diputación Provincial de Teruel de acuerdo con el art. 134 LRHL: 304,20 * 0,3 = 91,26 €.

(8) La deuda tributaria es la suma de la cuota líquida más el recargo provincial.

Actividad de formación	Datos
Cuota de tarifa	186,00
Superficie computable (1)	85,5
Elemento de superficie (2)	17,47
Cuota mínima municipal	203,47
Cuota mínima ponderada (3)	262,47
Cuota íntegra (4)	419,95
Bonificación inicio de actividad (5)	209,97

Cuota líquida (6)	209,97
Recargo provincial (7)	78,74
Deuda tributaria (8)	288,71

Notas explicativas:

(1) Según la regla 14. 1. F de la Instrucción reguladora del IAE, la superficie de los locales dedicados a enseñanza se verá reducida en un 50%. Adicionalmente, se aplica la reducción general del 5%, con objeto de obtener la superficie computable. El hecho de que la empresa utilice el local como arrendataria no resulta de relevancia en la liquidación del impuesto.

(2) De acuerdo con las tablas aprobadas en el Real decreto legislativo 1175/1990 de 28 de septiembre, a este tipo de actividad (epígrafe 932.1) le correspondería un coeficiente de 0,204344 y, posteriormente, se aplicaría el coeficiente corrector de 1,0 ya que su cuota de tarifa no excede de 622,05 €. Así: 85,5 * 0,204344 * 1 = 17,47 €.

(3) Según el art. 86 LRHL, el coeficiente de ponderación que le corresponde es de 1,29, dado que su cifra de negocio no sobrepasa los 5.000.000 €.

(4) El coeficiente de situación aplicable es de 1,60 ya que ese es el adoptado por el Ayuntamiento de Teruel en sus Ordenanzas Fiscales para las calles de segunda categoría.

(5) Resulta de multiplicar la cuota íntegra por 0,5, el porcentaje que corresponde de acuerdo con las ordenanzas fiscales aprobadas por el Ayuntamiento de Teruel.

(6) Se obtiene a partir de la cuota íntegra menos la bonificación.

(7) Corresponde al recargo aprobado por la Diputación Provincial de Teruel de acuerdo con el art. 134 LRHL: 262,47 * 0,3 = 78,74 €.

(8) La deuda tributaria es la suma de la cuota líquida más el recargo provincial.

Ejercicio 2

La empresa FASTHAIR, S. A. posee desde 2014 una red de tiendas dedicadas a los servicios de peluquería de señora y caballero con una amplia implantación en el sector de la estética. En la actualidad, dispone de tres tiendas propias en otros tantos locales con características físicas idénticas, al tiempo que desarrolla otras líneas de negocio.

Las tiendas propias dedicadas a los servicios de peluquería se distribuyen entre la ciudad de Zaragoza, donde posee dos establecimientos, y Huesca, con una tienda. Todas ellas están en calles de primera categoría y tienen una superficie total de 80 m^2, de los cuales 20 están destinados a almacenes donde se guardan diversos enseres necesarios para la actividad.

Entre las tres tiendas propias se ha obtenido en 2023 una cifra de negocios de 900.000 €, mientras que la cifra de negocios procedentes de otras líneas de negocio han sido de 1.200.000 €. Se sabe que en todas las tiendas propias de FASTHAIR, S. A. se han establecido instalaciones para el aprovechamiento de energías renovables de conformidad con lo dispuesto en el Plan de Fomento de Energías Renovables.

Se pide:

Calcular la cuota o, en su caso, cuotas de IAE que tendrá que satisfacer FASTHAIR, S. A., en el ejercicio 2025, con respecto a la actividad de peluquería, teniendo en cuenta la siguiente información adicional:

Real decreto legislativo 1175/1990 de 28 de septiembre por el que se aprueban las tarifas y la instrucción del Impuesto de Actividades Económicas

SECCIÓN PRIMERA

ACTIVIDADES EMPRESARIALES: GANADERAS, MINERAS, INDUSTRIALES, COMERCIALES Y DE SERVICIOS.

DIVISIÓN 9. COMERCIO, RESTAURANTES Y HOSPEDAJE, REPARACIONES.

GRUPO 972.1. SERVICIOS DE PELUQUERÍA DE SEÑORA Y CABALLERO.

Epígrafe 972.3.- De peluquería de señora y caballero. Cuota de:

- En poblaciones de más de 500.000 habitantes: 173,35 €.

- En poblaciones de más de 100.000 a 500.000 habitantes: 99,52 €.

- En poblaciones de más de 40.000 a 100.000 habitantes: 74,64 €.

- En poblaciones de más de 10.000 habitantes: 37,32 €.

La escala del coeficiente de situación propuesta por el Ayuntamiento de Huesca es la siguiente:

Categoría	Coeficiente
Vías públicas de primera	2,25
Vías públicas de segunda	2,01
Vías públicas de tercera	1,79
Vías públicas de cuarta	1,56
Vías públicas de quinta	1,39
Vías públicas de sexta	1,26

La escala del coeficiente de situación propuesta por el Ayuntamiento de Zaragoza es la siguiente:

Categoría	Coeficiente
Vías públicas de primera	3,75
Vías públicas de segunda	2,88
Vías públicas de tercera	2,44
Vías públicas de cuarta	2,18
Vías públicas de quinta	1,96

Vías públicas de sexta	1,70
Vías públicas de séptima	1,39

Se sabe, además, que los Ayuntamientos de Zaragoza y de Huesca han incorporado en sus ordenanzas unas bonificaciones del 30% y 50%, respectivamente de la cuota correspondiente, para aquellas empresas que hayan puesto en marcha instalaciones para el aprovechamiento de energías renovables.

SOLUCIÓN

FASTHAIR, S. A. desarrolla la actividad de peluquería en diversos locales y en distintas localidades por lo que estará obligada a pagar tantas cuotas de IAE como locales en los que tenga lugar la actividad gravada. De acuerdo con los datos del enunciado, tendrá que pagar dos cuotas en la ciudad de Zaragoza y una cuota en la ciudad de Huesca. El devengo de las mismas se produce el 1 de enero de 2025.

Actividad de peluquería (Zaragoza)	Datos
Cuota de tarifa	173,35
Superficie computable (1)	67,45
Elemento de superficie (2)	48,64
Cuota mínima municipal	221,99
Cuota mínima ponderada (3)	286,36
Cuota íntegra (4)	1.073,85
Bonificación utilización energías renovables (5)	322,15
Cuota líquida (6)	751,70
Recargo provincial (7)	85,9
Deuda tributaria (8)	837,60
N.º de tiendas de idénticas características	2
Total IAE Zaragoza (9)	1.675,20

Notas explicativas:

(1) De acuerdo con la Regla 14. 1. F de la Instrucción del Impuesto de Actividades Económicas, a efectos de determinar la superficie computable, solo se considera el 55% de la superficie real correspondiente a almacenes y depósitos. Por otro lado, es de aplicación la reducción general del 5% que recaerá sobre el total de las superficies resultantes (20 * 0,55 + 60) * 0,95.

(2) De acuerdo con las tablas aprobadas en el Real decreto legislativo 1175/1990 de 28 de septiembre, a este tipo de actividad (epígrafe 972.3.) le correspondería un coeficiente de 0,721215 y, posteriormente, se aplica un coeficiente corrector de 1,0; ya que su cuota de tarifa no excede de 622,05 €. Así, 67,45 * 0,721215 * 1 = 48,64 €.

(3) Según el art. 86 LRHL, el coeficiente de ponderación que le corresponde es de 1,29, dado que su cifra de negocio es de 2.100.000 y, por tanto, no sobrepasa los 5.000.000 €.

(4) El coeficiente de situación aplicable es de 3,75 ya que es el adoptado por el Ayuntamiento de Zaragoza en sus Ordenanzas Fiscales para las calles de máxima categoría.

(5) Es el resultado de multiplicar la cuota íntegra por 0,3, el porcentaje que el Ayuntamiento de Zaragoza ha aprobado por utilización de energías renovables.

(6) Se obtiene restando a la cuota íntegra la bonificación por utilización de energías renovables: 1.073,85 – 322,15 = 751,70 €.

(7) Corresponde al recargo aprobado por la Diputación Provincial de Zaragoza de acuerdo con el art. 134 LRHL. Así: 286,36 * 0,3 = 85,9 €.

(8) La deuda tributaria es la suma de la cuota líquida más el recargo provincial.

(9) Los cálculos realizados corresponden a cada uno de los locales, así el total del IAE en Zaragoza es: 837,60 * 2 = 1.675,20 €.

Actividad de peluquería (Huesca)	Datos
Cuota de tarifa	74,64
Superficie computable (1)	67,45
Elemento de superficie (2)	22,29
Cuota mínima municipal	96,93
Cuota mínima ponderada (3)	125,04
Cuota íntegra (4)	281,34
Bonificación utilización energías renovables (5)	140,67
Cuota líquida (6)	140,67
Recargo provincial (7)	40,01
Deuda tributaria (8)	180,68
N.º de tiendas de idénticas características	1
Total IAE Huesca	180,68

Notas explicativas:

(1) De acuerdo con la Regla 14. 1. F de la Instrucción del Impuesto de Actividades Económicas a efectos de determinar la superficie computable, solo se considera el 55% de la superficie real correspondiente a almacenes y depósitos. Por otro lado, es de aplicación la reducción general del 5% que recaerá sobre el total de las superficies resultantes, es decir: (20 * 0,55 + 60) * 0,95.

(2) De acuerdo con las tablas aprobadas en el Real decreto legislativo 1175/1990 de 28 de septiembre, a este tipo de actividad (epígrafe 972.3.) le correspondería un coeficiente de 0,330557 y, posteriormente, se aplica un coeficiente corrector de 1,0; ya que su cuota de tarifa no excede de 622,05€. Así, 67,45 * 0,330557 * 1= 22,29 €.

(3) Según el art. 86 LRHL, el coeficiente de ponderación que le corresponde es de 1,29, dado que su cifra de negocio es de 2.100.000 € y, por tanto, no sobrepasa los 5.000.000 €.

(4) El coeficiente de situación aplicable es de 2,25 ya que ese es el adoptado por el Ayuntamiento de Huesca para las calles de máxima categoría en sus Ordenanzas Fiscales. Así, 125,04 * 2,25 = 281,34 €.

(5) Es el resultado de multiplicar la cuota íntegra por 0,5: 281,34 * 0,5 = 140,67 €. Este es el porcentaje de bonificación en el IAE que el Ayuntamiento de Huesca ha aprobado en sus Ordenanzas Fiscales por utilización de energías renovables.

(6) Se obtiene restando a la cuota íntegra la bonificación por utilización de energías renovables: 281,34 – 140,67 = 140,67 €.

(7) Corresponde al recargo aprobado por la Diputación Provincial de Huesca de acuerdo con el art. 134 LRHL. Así, 125,04 * 0,32 = 40,01 €.

(8) La deuda tributaria es la suma de la cuota líquida más el recargo provincial.

1.2.5. Cuestiones propuestas

Cuestión 1. No sujeción y exención

Indicar, de entre los siguientes supuestos relativos al IAE, si se cumple algún caso de no sujeción o exención para 2025:

a) Sociedad anónima finlandesa que explota una tienda de salazón de pescado en Almuñécar.

b) Persona física que desarrolla una actividad de distribución de teléfonos móviles por Internet con unas ventas de 45.000 €.

c) Herencia yacente, constituida por la totalidad de bienes del fallecido Sr. Latosa y entre los que se encuentra una pequeña panadería con 3 trabajadores.

d) Una explotación ganadera de ovino que alimenta a los animales con piensos adquiridos a otros empresarios.

e) Sociedad mercantil dedicada a la extracción de áridos en distintos municipios de la provincia de Burgos.

f) Sociedad mercantil dedicada a la venta de neumáticos constituida hace 25 meses con una cifra neta de negocios en 2023 de 2 millones de euros.

g) Sociedad anónima que realiza simultáneamente en el mismo local la actividad de venta de libros en lengua inglesa y la de enseñanza de idiomas.

No olvide consultar, entre otros: arts. 78, 81 y 82 LRHL.

Cuestión 2. Diseño tributario

Señalar, de entre las siguientes circunstancias empresariales, aquellas que pueden tener relevancia a efectos de determinar la cuota tributaria del IAE:

a) El porcentaje de ventas al exterior.

b) La fecha de inicio de la actividad económica.

c) La naturaleza del sujeto que ostenta la titularidad de la actividad económica.

d) La inversión en maquinaria o en reposición de los equipos productivos.

e) La ubicación de la actividad económica en una calle comercial o en un polígono industrial.

f) La cifra de morosidad que soporta una empresa.

g) Un cambio a lo largo del año en el tipo de actividad.

No olvide consultar, entre otros: arts. 78 a 91 LRHL.

Cuestión 3. Devengo

Concretar la fecha de devengo del IAE para 2025 en los siguientes supuestos:

a) Una empresa societaria que desarrolla su actividad de forma ininterrumpida desde el 1 de enero de 2016.

b) Empresario individual que se jubila el día 20 de junio de 2025.

c) La organización de un espectáculo musical el 1 de julio de 2025.

d) Empresa que cesa en su actividad el 3 de febrero y, posteriormente, la reanuda el 20 de octubre.

e) Una empresa que inicia su actividad el 20 de mayo de 2025.

f) Una empresa que se fusiona con otra para dedicarse al mismo objeto social el 3 de abril de 2025.

g) Empresa declarada en concurso de acreedores el 5 de julio de 2025.

h) Empresa que cesa en su actividad de venta de textil el 4 de abril e inicia el 5 de julio la actividad de conservación de prendas textiles.

No olvide consultar, entre otros: art. 89 LRHL.

Cuestión 4. Coeficiente de ponderación

REMPÁNGANOS, S. A. es una empresa dedicada a la pirotecnia que atraviesa una excelente situación económica. Los beneficios de 2023 fueron de 1.100.000 €, mientras que en 2024 se incrementaron hasta 1.330.000 €. Ello ha sido posible gracias a la diversificación de su actividad, lo que le ha proporcionado, para 2023, una cifra neta de negocios de 4.005.000 € por la venta de fuegos artificiales y 2.500.000 € por la realización de espectáculos de pirotecnia.

Se pide:

Determinar el coeficiente de ponderación aplicable a la actividad de venta de fuegos artificiales para 2025.

No olvide consultar, entre otros: art. 86 LRHL.

Cuestión 5. Recargo provincial

LAAARGA, S. C. es una empresa implantada en Zaragoza y dedicada a la fabricación de muebles de oficina. En la liquidación del IAE correspondiente al ejercicio 2025, ofrece los siguientes datos:

Cuota mínima municipal: 658,50 €
Cuota mínima ponderada: 849,46 €
Cuota íntegra: 1.104,3 €
Cuota líquida: 552,15 €

Se pide:

Determinar el importe del recargo provincial

No olvide consultar, entre otros: art. 134 LRHL.

1.2.6. Ejercicios propuestos

Ejercicio 1

La empresa POLO NORTE, S. L., dedicada a la fabricación de helados (epígrafe 414.4) desde 2020, tiene su sede en un polígono industrial a las afueras de Zaragoza, clasificado como vía pública de última categoría. La sede de la fábrica tiene una superficie total de 2.600 m², distribuidos de la siguiente forma: 1.600 m² ocupados por la nave de elaboración de productos, 240 m² por oficinas, 160 m² cubiertos por un almacén de productos, 400 m² sin cubrir destinados a depósitos de materias primas y 200 m² destinados a un aparcamiento cubierto afecto a la actividad. Además, se sabe que, durante 2025, la empresa tiene 110 kW de potencia instalada y un importe neto de cifra de negocios en 2023 de 5,1 millones de euros. El ejercicio económico de 2023 se saldó con unas pérdidas de 170.000 €. Finalmente, se sabe que el Ayuntamiento de Zaragoza fijó en 2020 una bonificación de inicio de actividad para el cuarto año del 30%.

Se pide:

Calcular la cuota tributaria de IAE, en el ejercicio 2025, que tendrá que satisfacer POLO NORTE, S. L., teniendo en cuenta la siguiente información adicional:

Real decreto legislativo 1175/1990 de 28 de septiembre por el que se aprueban las tarifas y la instrucción del Impuesto de Actividades Económicas

SECCIÓN PRIMERA

ACTIVIDADES EMPRESARIALES: GANADERAS, MINERAS, INDUSTRIALES, COMERCIALES Y DE SERVICIOS.

DIVISIÓN 4. OTRAS INDUSTRIAS MANUFACTURERAS.

Epígrafe 414.4. ELABORACIÓN DE HELADOS Y SIMILARES.

Cuota mínima municipal de:
– Por cada kW: 20,71 €
Nota: Este epígrafe comprende la elaboración, utilizando productos lácteos, de helados, sorbetes y otros productos de leche congelados.

La escala del coeficiente de situación propuesta por el Ayuntamiento de Zaragoza es la siguiente.

Categoría	Coeficiente
Vías públicas de primera	3,75
Vías públicas de segunda	2,88
Vías públicas de tercera	2,44
Vías públicas de cuarta	2,18
Vías públicas de quinta	1,96
Vías públicas de sexta	1,70
Vías públicas de séptima	1,39

Ejercicio 2

La empresa CERÁMICAS TURIA, S. L. desarrolla la actividad de fabricación de cerámica desde 2012 en unas instalaciones propiedad de la Comunidad Autónoma de Aragón. Dichas instalaciones están situadas en una calle de tercera categoría de Teruel, de 2.000 m², de los cuales 1.000 corresponden a una nave industrial, 500 a una zona de secaderos al aire libre de acceso restringido y 300 a un edificio destinado al depósito temporal de mercancías. El resto se destina a jardines y zonas de acceso.

El valor catastral en 2025 de la nave en la que se desarrolla la actividad principal es de 97.800 € y CERÁMICAS TURIA, S. L. satisface una cantidad de 2.000€ al mes al Gobierno autonómico en concepto de alquiler.

La cifra neta de negocios de CERÁMICAS TURIA, S. L. correspondientes a 2023 fueron de 5.100.000 € y el beneficio obtenido 1.050.000 €. No obstante, dadas las malas expectativas del presente ejercicio ha cesado en su actividad el día 20 de abril de 2025. Por último, sabemos que tiene una potencia eléctrica contratada de 125 kW.

Se pide:

Calcular la cuota tributaria que tendrá que satisfacer CERÁMICAS TURIA,S.L. de IAE en el ejercicio 2025 teniendo en cuenta la siguiente información adicional:

Real decreto legislativo 1175/1990 de 28 de septiembre por el que se aprueban las tarifas y la instrucción del Impuesto de Actividades Económicas
SECCIÓN PRIMERA
ACTIVIDADES EMPRESARIALES:
GANADERAS, MINERAS, INDUSTRIALES, COMERCIALES Y DE SERVICIOS.

DIVISIÓN 2. EXTRACCIÓN Y TRANSFORMACIÓN DE MINERALES NO ENERGÉTICOS Y PRODUCTOS DERIVADOS. INDUSTRIA QUÍMICA.

Epígrafe 247.4. Fabricación de vajillas, artículos del hogar y objetos de adorno, de material cerámico.
Epígrafe 247.4. Cuota mínima municipal, por cada kW, 7,39 €.
ORDENANZA FISCAL NÚM. 03 REGULADORA DEL IMPUESTO SOBRE ACTIVIDADES ECONÓMICAS E ÍNDICE ALFABÉTICO DE CALLES ANEXO A LA ORDENANZA (AYUNTAMIENTO DE TERUEL)

ARTÍCULO 3.º. Escala de coeficientes.
1. Sobre las cuotas modificadas por la aplicación del coeficiente de ponderación previsto en el artículo anterior, se establece, de acuerdo con el artículo 87 del RDL 2/2004, de 5 de marzo, por el que se aprueba el Texto Refundido de la Ley Reguladora de las Haciendas Locales de 27 de diciembre, la siguiente escala de coeficientes que pondera la situación física del local, atendiendo a la categoría de la calle en que radica:

Categoría	Coeficiente
Vías públicas de primera	1,96
Vías públicas de segunda	1,60
Vías públicas de tercera	1,40
Vías públicas de cuarta	1,26

2. Las vías públicas que no figuren en el citado índice alfabético serán consideradas de tercera categoría, hasta tanto se proceda a su clasificación e inclusión.

1.3. Impuesto sobre el Incremento de Valor de los Terrenos de Naturaleza Urbana

1.3.1. Regulación

RDL 2/2004, de 5 de marzo, por el que se aprueba el Texto Refundido de la Ley Reguladora de las Haciendas Locales (LRHL) (arts. 104 a 110).

Ordenanzas fiscales municipales.

1.3.2. Esquema de liquidación

Valor catastral del suelo (reducción, en su caso, art. 107.3 LRHL) o incremento de valor real experimentado por el suelo
* Coeficiente según periodo de generación (art. 107.4 LRHL)
= BASE IMPONIBLE
* Tipo de gravamen (art. 108.1 LRHL)
= CUOTA ÍNTEGRA
– Bonificación (art. 108.4 LRHL)
= CUOTA LÍQUIDA
+ Recargos
= DEUDA TRIBUTARIA

1.3.3. Cuestiones resueltas

Cuestión 1. No sujeción y exenciones

Indicar si en los siguientes supuestos relativos al IIVTNU se cumple algún caso de no sujeción o exención:

a) Un particular cede de forma gratuita a la Cruz Roja Española el usufructo de un local donde se instalará la sede de dicha organización.

b) Un particular cede en alquiler a una empresa una nave industrial.

c) Una herencia yacente vende una plaza de garaje a un residente extranjero.

d) Un particular vende a otro particular una finca rústica en la que hay una nave para guardar aperos de labranza.

e) Disolución de una sociedad conyugal por sentencia judicial como consecuencia de un proceso de divorcio. Cada cónyuge recibe un piso en la localidad de Monzón.

f) Un particular hereda de su padre una segunda residencia en una pequeña pedanía de Huesca.

SOLUCIÓN (acudir a la LRHL)

a) Es un caso de exención, ya que al tratarse de una transmisión lucrativa el obligado tributario es el adquirente, en este caso la Cruz Roja, y está exenta del Impuesto (art. 105.2.f).

b) No está sujeta ya que no se transmite la propiedad del inmueble ni un derecho real sobre él (art. 104.1).

c) Está sujeto, ya que se transmite la propiedad del inmueble y la herencia yacente es considerada sujeto pasivo del Impuesto (art. 106.1.b).

d) No está sujeta ya que el inmueble tiene la consideración de bien rústico a efectos del IBI y estos no están sujetos a este Impuesto (art. 104.2).

e) No está sujeta al producirse la transmisión por sentencia judicial de ruptura del vínculo matrimonial (art. 104.3).

f) Está sujeta ya que adquiere el dominio de ese inmueble, aunque sea a título lucrativo (art. 104.1).

Cuestión 2. Sujeto pasivo

Señalar el sujeto pasivo a efectos del IIVTNU en las siguientes situaciones:

a) Jorge obtiene una vivienda en Barbastro como legado en una transmisión hereditaria de su padre Juan.

b) La Sociedad Civil Artada, S. C. vende un terreno urbano a la empresa Hual, S. A.

c) Manuel Helado vende un local comercial al Ayuntamiento de Caspe, quien lo convertirá en un centro cívico.

d) Rosa Palot aporta de forma gratuita un piso a la sociedad conyugal de la que forma parte con su marido Enrique Ortega.

e) Antonio Martínez vende una nave industrial a Fermín Pérez sobre la que se ha constituido una hipoteca.

SOLUCIÓN (acudir a la LRHL)

a) El sujeto pasivo es Jorge ya que se trata de una transmisión a título lucrativo (art. 106.1.a).

b) El sujeto pasivo es Artada, S. C., ya que es una transmisión onerosa y, aunque no tiene personalidad jurídica, es una de las entidades a las que se refiere el art 35.4 de la LGT (art. 106.1.b).

c) El sujeto pasivo es Manuel Helado, que es quien realiza la transmisión onerosa (art. 106.1.b).

d) No hay sujeto pasivo ya que se trata de un caso de no sujeción al Impuesto (art. 104.3).

e) El sujeto pasivo es Antonio Martínez (art. 106.1.b). Es irrelevante la hipoteca constituida sobre el inmueble.

Cuestión 3. Diseño tributario

Señalar, entre las situaciones que se describen, aquellas que tienen relevancia a efectos de fijar los elementos tributarios del IIVTNU:

a) El carácter oneroso o lucrativo de la transmisión de un inmueble.

b) El precio por el que se ha valorado o transmitido dicho inmueble.

c) Que el inmueble transmitido sea catalogado como Conjunto Histórico-Artístico.

d) La depreciación efectiva del inmueble a transmitir.

e) La transmisión del inmueble por causa de muerte a favor de descendientes y adoptados, cónyuges o ascendientes.

SOLUCIÓN (acudir a la LRHL)

a) Sí, determinará quién es el sujeto pasivo de este impuesto (art. 106).

b) Sí que es relevante, ya que si se ha vendido por debajo del precio de compra, no se produce la sujeción al impuesto.

c) Sí, puede dar lugar a una exención (art. 105.1.b).

d) No es relevante.

e) Sí, ya que, si lo incorporan las ordenanzas municipales, puede dar lugar a una bonificación del 95% de la cuota íntegra (art. 108.4).

Cuestión 4. Base imponible

De acuerdo con los coeficientes aprobados por el Ayuntamiento de Zaragoza, calcular para 2025 la base imponible del IIVTNU, para una transmisión onerosa de un inmueble con un valor catastral actualizado en este año de 240.500 €, de los que el 25% corresponde al suelo. El inmueble se adquirió el 15 de junio de 2013 y se vendió el 20 de agosto de 2025.

SOLUCIÓN (acudir a la LRHL)

Transmisión de inmueble en Zaragoza

Valor catastral	240.500
Valor del suelo (1)	60.125
Año de adquisición	2013
Año de transmisión	2025
Períodos transcurridos (2)	12
Coeficiente aplicable	0,09
Base Imponible (3)	5.411,25

Notas explicativas:

(1) El valor del suelo se corresponde con el 25% del valor catastral completo asignado en 2025 al inmueble objeto de la transmisión. Se desconocen los valores de compra y venta del inmueble para poder calcular la ganancia patrimonial real derivada de su transmisión.

(2) Según el art. 107.4.3. LRHL, se deberá tener en cuenta el número de años completos desde la adquisición del inmueble hasta su transmisión.

(3) Los cálculos para determinar la base imponible serán 60.125 * 0,09 = 5.411,25 €.

Cuestión 5. Reducciones y cuota íntegra

Alberto Martínez transmite el 2 de febrero de 2025, mediante una donación, a Susana Planas un inmueble ubicado en Zaragoza que adquirió el 15 de enero de 2021. Dicho inmueble tiene un valor catastral actualizado para el año 2025 de 240.000 €, de los que 60.000 € corresponden al valor del suelo y el resto al valor de la construcción. Dicho valor catastral ha sido revisado en 2022. El Ayuntamiento de Zaragoza ha incorporado en sus ordenanzas una reducción en el impuesto del 40% en el caso de revisiones catastrales durante los últimos 5 años. El tipo de gravamen aprobado por el Ayuntamiento de Zaragoza para este impuesto es del 28%.

Se pide:

Determinar la cuota íntegra del IIVTNU.

SOLUCIÓN (acudir a la LRHL)

Transmisión de Alberto Martínez

Valor catastral	240.000
Valor del suelo (1)	60.000
Año de adquisición	2021
Año de transmisión	2025
Períodos transcurridos (2)	4
Coeficiente aplicable	0,16
Base imponible (3)	9.600
Reducción 40% (4)	3.840
Base liquidable (5)	5.760
Cuota tributaria (6)	1.612,80

Notas explicativas:

(1) Se supone que en la donación el inmueble se valora por encima del precio de compra pero que a la hora de calcular la base imponible del IIVTNU la ganancia real es mayor que el valor resultante del uso del valor catastral, por eso utilizamos éste como valor de partida en el cálculo de la BI

(2) Según el art. 107.4.3.LRHL, se deberá tener en cuenta el número de años completos desde la adquisición del inmueble hasta su transmisión.

(3) Los cálculos para determinar la base imponible serán 60.000 * 0,16 = 9.600 €.

(4) El art. 107.3 LRHL permite a los ayuntamientos incorporar en sus ordenanzas fiscales una reducción en aquellos casos en los que se hayan modificado los valores catastrales como consecuencia de un procedimiento de valoración colectiva de carácter general.

(5) BI – reducción.

(6) Cuota tributaria 5.760 * 0.28 = 1.612,80 €.

1.3.4. Ejercicios resueltos

Ejercicio 1

Lorenzo Bermejo compró el 1 de mayo de 2025 un inmueble situado en Alcañiz por un precio de 72.000 €. El inmueble fue vendido por Gonzalo Ramos, que lo había adquirido el 1 de enero de 2013 y lo mantuvo en su patrimonio hasta la fecha de la transmisión. El valor catastral actualizado del mismo para 2025 es de 39.060 €, correspondiendo al suelo un 20% del mismo.

Al mismo tiempo, se sabe que Gonzalo Ramos no formalizó el pago del Impuesto hasta el 25 de junio, habiéndose establecido el plazo de 30 días hábiles en la ordenanza fiscal de Alcañiz como límite para presentar autoliquidación. En caso de incumplimiento de dicho plazo, se han establecido los siguientes recargos:

«Artículo 10 – Presentación extemporánea de autoliquidaciones

1. Las cuotas resultantes de autoliquidaciones presentadas, después de haber transcurrido los plazos previstos en el artículo 10.6 de esta Ordenanza, se incrementarán con los siguientes recargos:

Declaración después del período reglamentario	Recargos
En el plazo de 3 meses	5%
Entre 3 y 6 meses	10%
Entre 6 y 12 meses	15%
Después de 12 meses	20%

En las autoliquidaciones presentadas después de 12 meses, además del recargo anterior, se exigirán intereses de demora.»

Se pide:

Calcular el IIVTNU devengado con la transmisión realizada por Gonzalo Ramos, suponiendo que el Ayuntamiento de Alcañiz ha fijado los mismos coeficientes en el cálculo de la BI que los establecidos en el artículo 107.4 de la LRHL y que el tipo de gravamen es el máximo posible.

SOLUCIÓN

Transmisión de Gonzalo Ramos (1)	
Valor catastral 2025	39.060
Valor del suelo (2)	7.812
Periodos transcurridos (3)	12
Coeficiente aplicable	0,09
Base imponible (4)	703,08
Tipo de gravamen	30%
Cuota íntegra (5)	210,92
Recargo aplicable (6)	5%
Deuda tributaria (7)	221,47

Notas explicativas:

(1) El sujeto pasivo es Gonzalo Ramos, que es quien lleva a cabo esa transmisión (art. 106 LRHL). Se supone que se vende por encima del precio de compra y que, a la hora de calcular la base imponible del IIVTNU, la ganancia real es mayor que el valor resultante del uso del valor catastral. Por eso utilizamos este último como valor de partida en el cálculo de la base imponible.

(2) Se corresponde con el 20% del valor catastral actualizado de 2025.

(3) Es el número de años completos que han transcurrido desde el 1 de enero de 2013 hasta el 1 de mayo de 2025 (art. 107.4.3 LRHL).

(4) Según el art. 107 LRHL la base imponible se determina teniendo en cuenta el valor catastral actualizado del suelo y el coeficiente establecido por cada ayuntamiento. En este caso (7.812 * 0,09).

(5) Es el resultado de aplicar a la base imponible el tipo de gravamen establecido por el Ayuntamiento de Alcañiz, esto es, un 30%.

(6) Resulta de aplicación un recargo del 5% dado que Gonzalo Ramos se retrasa en el pago del Impuesto en un plazo inferior a tres meses.

(7) Es el resultado de sumar a la cuota íntegra el recargo resultante del apartado anterior.

1.3.5. Cuestiones propuestas

Cuestión 1. No sujeción y exención

Indicar si, entre los siguientes supuestos relativos al IIVTNU, se cumple algún caso de no sujeción o exención.

a) Un particular cede de forma onerosa a la Cruz Roja Española el usufructo de un local donde se instalará la sede de dicha organización.

b) Un particular vende a otro un solar urbano.

c) La Comunidad Autónoma vende unos terrenos a una empresa constructora para la construcción de viviendas.

d) Una empresa vende un local a otra, que lo va a dedicar a realizar actividades propias de su objeto social.

e) Un particular acuerda con una entidad de crédito la dación en pago de una vivienda sobre la que se había establecido un derecho de hipoteca.

f) Un particular vende a otro su vivienda habitual.

No olvide consultar, entre otros: arts. 104 y 105 LRHL.

Cuestión 2. Sujeto pasivo

Señalar el sujeto pasivo a efectos del IIVTNU, de acuerdo con las siguientes situaciones:

a) Antonio Forcén permuta con Soledad Soler un solar urbano por un céntrico apartamento.

b) Fermín Colás dona un solar al Ayuntamiento de Tarazona para la construcción de un parque infantil.

c) Demetrio Rodríguez fallece dejando en herencia a sus hijos, Pablo e Isabel, dos pisos en Sabiñánigo. Ambos no se ponen de acuerdo en el reparto de los bienes y mantienen la copropiedad sobre los inmuebles.

d) Juan Pardo transmite la propiedad de un inmueble urbano a la Comunidad Autónoma de Aragón, a consecuencia de una expropiación.

No olvide consultar, entre otros: art. 106 LRHL.

Cuestión 3. Diseño Tributario

Señalar, entre las situaciones que se describen, aquellas que tienen relevancia a efectos de determinar los elementos tributarios del IIVTNU:
   a) El uso o destino al que se va a dedicar un inmueble.
   b) El número de años que han transcurrido desde que se adquirió.
   c) El valor catastral asignado a un inmueble.
   d) La ganancia patrimonial puesta de manifiesto con la transmisión.
   e) Que el bien transmitido corresponda a varios titulares.

No olvide consultar, entre otros: arts. 104-110 LRHL.

Cuestión 4. Base Imponible

Daniel Rou adquirió el 25 de marzo de 1996 un inmueble urbano en Zaragoza por transmisión hereditaria con un valor, a efectos del Impuesto sobre Sucesiones y Donaciones, de 120.000 € (25% valor del suelo). Posteriormente, el inmueble ha tenido dos revisiones catastrales, la última en 2021, siendo el valor catastral actualizado en 2025 de 160.000 €, de los que el 25% corresponde al valor del suelo.

Se pide:

Determinar la base imponible, a efectos del IIVTNU, si se transmitiese el 26 de marzo de 2025 por 220.000 €.

No olvide consultar, entre otros: art. 107 LRHL.

1.3.6. Ejercicios propuestos

Ejercicio 1

Mariano Montes ha vendido, el día 24 de mayo de 2025, a la Comunidad Autónoma de Aragón dos inmuebles ubicados en el término municipal de Zaragoza. El primero es una finca rústica de regadío de 14 hectáreas que tiene para 2025 un valor catastral actualizado de 52.520 € y por la que ha obtenido una ganancia patrimonial de 14.700 €. El segundo es un céntrico apartamento en la ciudad de Zaragoza. Dicho apartamento lo compró el 1 de abril de 2017 por 60.000 € (valor catastral en 2017 de 78.000 €) y lo ha vendido por 150.000 €. El apartamento tiene un valor catastral actualizado de 85.000 € en 2025, de los que el 25% corresponde al suelo.

Sabemos que el Ayuntamiento de Zaragoza ha establecido en sus Ordenanzas Municipales un tipo de gravamen para el IIVTNU del 28%

Se pide:

Calcular el IIVTNU devengado, si procede, en las transmisiones de Mariano Montes.

2. IMPUESTO SOBRE EL PATRIMONIO

2.1. Regulación

Ley 19/1991, de 6 de junio de 1991, del Impuesto sobre el Patrimonio (LIP).

Real Decreto 1704/1999, de 5 de noviembre, en el que se determinan los requisitos de la exención de las actividades empresariales y profesionales.

2.2. Esquema de liquidación

+ Valor de los bienes y derechos no exentos

− Cargas y gravámenes que disminuyan el valor de los bienes y derechos no exentos

− Deudas y obligaciones personales

= BASE IMPONIBLE (art. 9 LIP)

− Reducción (art. 28 LIP) = la autonómica (400.000 € en Aragón) o 700.000 €

= BASE LIQUIDABLE

* Tipo de gravamen (autonómico o el del art. 30.2 LIP)

= CUOTA ÍNTEGRA

− Deducción por incumplimiento del límite de la cuota íntegra (art. 31 LIP)

− Deducción por doble imposición o impuestos satisfechos en el extranjero (art. 32 LIP)

− Bonificación en Ceuta y Melilla (art. 33 LIP)

− Deducción Autonómica

− Bonificación Autonómica

= CUOTA LÍQUIDA o RESULTANTE (≥0)

2.3. Cuestiones resueltas

Cuestión 1. Exenciones

Valore la exención o no de los siguientes bienes y derechos en el IP de 2025:

a) José Sánchez desarrolla en el ejercicio 2025 de forma habitual, personal y directa una actividad empresarial de la que ha obtenido unos rendimientos netos de 29.000 €. La base imponible general y del ahorro del IRPF declarada por José en dicho ejercicio asciende a 60.000 €. El valor de todos los bienes y derechos afectos a la actividad económica desarrollada, a efectos del Impuesto sobre el Patrimonio, es de 200.000 €.

José ha percibido durante 2025 un total de 3.000 € por el desempeño de determinadas funciones directivas que le ha encomendado el Consejo de Administración de una entidad en la que tiene participaciones exentas del Impuesto sobre el Patrimonio.

b) Estela y Javier son matrimonio y socios en el negocio familiar de pastelería. Entre los dos tienen el 40% de las participaciones. Javier es el director del Consejo de Dirección y Estela desarrolla funciones administrativas. Las rentas que perciben por esta actividad son las únicas que declaran en el IRPF. ¿Qué ocurriría si, en vez de matrimonio, fueran primos?

SOLUCIÓN

a) Hay que aplicar el art. 3 RD 1704/1999. Para el cálculo de la principal fuente de renta de don José, no se tienen en cuenta las retribuciones percibidas por las funciones de dirección desempeñadas en la entidad de la que posee participaciones exentas del Impuesto sobre el Patrimonio. Por lo tanto, el 50% de la base imponible general y del ahorro del IRPF del contribuyente asciende a: 0,5 * (60.000 - 3.000) = 28.500 €.

El rendimiento neto de la actividad del presente ejercicio asciende a 29.000 €, que es superior al 50% de la base imponible del IRPF del contribuyente. Por consiguiente, los bienes y derechos afectos a la actividad empresarial están exentos del Impuesto sobre el Patrimonio en el ejercicio 2025.

b) De acuerdo con los arts. 4 y 5 RD 1704/1999, las participaciones en estas entidades están exentas del IP si el matrimonio tiene al menos el 20% del capital, y siempre que, al menos, uno de ellos realice funciones de dirección. Por lo tanto, en el primer caso estarían exentas para Estela y para Javier.

En cambio, si fueran primos, dado que ya no cumplen el parentesco requerido, no se pueden analizar conjuntamente y, por tanto, habría que considerar la participación de cada uno. En todo caso, solo quien realice las funciones de dirección podrá beneficiarse de la exención.

Cuestión 2. Valoración de bienes y derechos

Valore los siguientes bienes y derechos aplicando las reglas del IP para 2025:

a) Un piso en el que reside su propietario que lo heredó de su padre en 2005. El piso fue declarado en el Impuesto sobre Sucesiones y Donaciones por 200.000 €, si bien el valor comprobado por la Administración ascendió a 320.000 €. El valor catastral del piso en 2025 es de 180.000 €.

b) María es titular de 5.000 acciones, de 10 € de nominal, de la Sociedad Anónima «A», que no cotiza en Bolsa y cuyo capital es de 1.000.000 €. El balance cerrado a 31-12-2024, último aprobado y no sometido a auditoría, refleja un valor teórico de cada acción de 30 €. Los beneficios de la Sociedad en los tres últimos ejercicios sociales han sido de 1.000.000 €; 400.000 € y 700.000 €.

c) Miguel tiene una cuenta de ahorro en una entidad bancaria que presenta los siguientes movimientos: el 1 de noviembre, se retiraron 40.000 € para adquirir un bien inmueble y, el 1 de diciembre, 15.000 € para cancelar un crédito pendiente.

Movimientos cuenta de ahorro	
Saldo 1 de octubre	100.000
Reintegro el 1 de noviembre	−40.000
Ingreso el 15 de noviembre	2.000
Reintegro el 1 de diciembre	−15.000
Ingreso el 15 de diciembre	1.000
Saldo a 31 de diciembre	48.000

SOLUCIÓN

a) El valor a efectos del IP (atendiendo al art. 10 LIP) será el mayor entre valor catastral y valor comprobado por la administración. En este caso, 320.000 €. Exención del art. 4.Nueve LIP: 300.000 €. A consignar en la declaración del 2025: 20.000 €.

b) De acuerdo con el art. 16.Uno LIP, dado que el balance no se ha auditado, debe tomarse el mayor de entre los tres valores siguientes:

– Valor nominal: 10 € por acción, o sea, 50.000 €.
– Valor teórico: 30 € por acción, o sea, 150.000 €.

– El valor capitalizado es: [(1.000.000 + 400.000 + 700.000) / 3] * 5 = 3.500.000 € (o lo que es lo mismo, suponiendo una rentabilidad del 20%, con un capital de 3.500.000 habríamos obtenido una cantidad igual al beneficio promedio de los tres últimos ejercicios: 700.000 €).

Dado que María es titular del 5% de las acciones, se obtiene un valor de 175.000 €, que es el mayor de los tres.

c) Según el art. 12 LIP, las operaciones no computables a afectos del cálculo del denominado saldo medio del último trimestre IP suman 55.000 €. Para calcularlo se restan del saldo inicial, con lo que resulta un saldo medio de 46.206,52€. El valor a consignar en la declaración IP será entonces el saldo a 31 de diciembre: 48.000 € por ser el mayor (ver art. 12 LIP).

El saldo medio del último trimestre se calculará de la siguiente forma:
(45.000 € * 45 días + 47.000 € * 30 días + 48.000 * 17 días) / 92 días = 46.206,52€.

Cuestión 3. Límite conjunto IP - IRPF

María Gómez, de 16 años, es propietaria de un cuadro valorado en 1.000.000 € que disfruta en su casa (y que no cumple los requisitos de exención del IP). Por los datos que tenemos, María carece de rentas propias, y no debe hacer declaración del IRPF.

Con esta información, ¿cuánto debería pagar María como deuda tributaria del Impuesto sobre el Patrimonio?

¿Cambiaría su respuesta si el único bien del patrimonio fuera un piso que dedica al arrendamiento, valorado por el mismo importe y que en 2025 no ha generado ninguna renta?

SOLUCIÓN

El art. 31 LIP indica que se debe respetar el cumplimiento del límite conjunto de IP - IRPF. En caso de incumplimiento, se podrá reducir hasta un 80% de la cuota del IP proveniente de los bienes susceptibles de producir renta.

Un cuadro de estas características está sujeto y no exento en el IP, porque no se encuentra cedido para su explotación. Por ello, debería tributar por una BI = 1.000.000. Y su BL sería de 300.000 €.

A esta BL le corresponde una cuota íntegra de 732,87 €, que no respetaría el límite conjunto con el IRPF, ya que, al no tener rentas el 60% de la BI de IRPF, sería de 0 €.

Sin embargo, como el cuadro es un bien que no produce rentas, no se tiene en cuenta a efectos del cómputo del límite conjunto y, por lo tanto, no se puede disminuir la cuota.

En el caso de que el único bien fuera el piso, la cuota íntegra del IP sería la misma, pero correspondería a un bien que sí es susceptible de producir rentas.

Se incumpliría el límite, puesto que 732,87 + 0 > 0, y se podría aplicar la deducción:

La deducción necesaria para que se cumpliera el límite sería de 732,87 €.

La deducción máxima sería del 80% de 732,87 = 586,30 €, que sería la que se aplicaría aunque no se cumpliera el límite.

La cuota íntegra sería 146,57 €.

Cuestión 4. Cuestiones generales

¿Qué le respondería a un contribuyente que le pregunta las siguientes dudas sobre su liquidación del IP?:

a) ¿Tengo que hacer la declaración del IP de mi padre fallecido a lo largo de 2025?

b) ¿Puedo presentar la declaración del IP junto a mi esposa?

c) ¿Debo declarar un inmueble del que soy propietario en Francia?

d) ¿Debo incluir entre los bienes un televisor que compré por 1.000 €?

e) ¿Puedo considerar como deuda la cuota líquida a pagar del IRPF?

f) ¿Quién tiene que tributar por un inmueble, mi madre (usufructuaria) o yo (nudo propietario)?

g) ¿Debo declarar un chalet que estoy construyendo en un solar de mi propiedad?

h) ¿En qué comunidad autónoma he de declarar, si he residido 3 meses en Aragón y el resto del año en Madrid?

SOLUCIÓN

a) No, ya que no era titular de bienes a fecha de devengo. Tributarán por ellos los herederos.

b) No, la declaración del IP es siempre individual.

c) Sí, porque si cumple el art. 5.Uno.a LIP, en Francia se tributará por obligación real y en España por obligación personal. Luego, en la cuota se aplicará la deducción por doble imposición internacional (art. 32 LIP).

d) No, los bienes del ajuar doméstico están exentos (art. 4 Cuarto LIP).

e) Sí, ya que es una deuda que se tiene a 31 de diciembre (art. 25 LIP).

f) Ambos, en función de las distintas titularidades de derechos sobre el inmueble (usufructo y nuda propiedad), de acuerdo con el art. 20 LIP y el art. 10 LTPAJD.

g) Sí, sumando el valor del solar al valor de las cantidades invertidas en la construcción hasta el momento (art. 10.Dos LIP).

h) Se aplican las mismas normas que en IRPF (art. 5.Tres LIP), esto es, en la comunidad donde se haya residido más días del año.

2.4. Ejercicios resueltos

Ejercicio 1

Gloria y Jesús están casados en régimen de separación de bienes. Tienen tres hijos, de 25, 23 y 19 años, con los que conviven en Zaragoza. La familia presenta los siguientes datos y circunstancias económico-fiscales en 2025:

1. La familia reside habitualmente en un piso que ambos cónyuges adquirieron hace 8 años por 700.000 € (valor coincidente con el resultante de la comprobación administrativa), entregando una cantidad al contado y aplazando el resto. A fecha de devengo deben al banco 150.000 €. La cantidad aplazada devenga un interés anual del 6%. En el recibo del Impuesto sobre Bienes Inmuebles de 2025, el piso figura con un valor catastral de 350.000 €.

2. Jesús es titular de una actividad de fabricación cuya contabilidad, llevada conforme al Código de Comercio, arroja, a 31-12-2025, los siguientes datos:

Activo		Patrimonio Neto y Pasivo	
Edificios	200.000	Capital	220.000
Amortización acumulada edificios	−15.000	Pérdidas y ganancias	10.000
Maquinaria	25.000	Proveedores	5.000
Amortización acumulada maquinaria	−5.000	Acreedores	25.000
Clientes	5.000		
Mercaderías	20.000		
Caja y Bancos	30.000		
Total activo	260.000	Total pasivo	260.000

En 2025, el valor catastral del edificio asciende a 120.000 €. Los rendimientos netos derivados de la actividad suponen un 40% de la base imponible del IRPF.

3. Jesús es titular de una cuenta corriente en el Banco MAS, que arroja un saldo, a 31-12-2025, de 60.000 €, siendo el saldo medio del último trimestre de 200.000 €. Por su parte, Gloria es titular de una libreta de ahorros en la CAJA DE AHORROS BANCIELO con un saldo, a 31-12-2025, de 150.000 € y un saldo medio del último trimestre de 95.000 €.

4. Jesús es propietario de 10.000 acciones de ADS, S. A., de 10 € nominales, que cotizan en Bolsa. Su cotización media, en el cuarto trimestre de 2025, es del 200%. Jesús no ejerce funciones de dirección en la sociedad.

5. Gloria era propietaria de 100 obligaciones de GCV, S. A., de 100 € de nominal, no cotizadas en Bolsa. El 30 de junio de 2025, se produjo la amortización de los valores, percibiendo su nominal.

6. Jesús posee un automóvil marca Ferrari modelo F430 del año 2010 que adquirió de segunda mano en 2016 por 30.000 €. El valor fijado por el Ministerio de Hacienda para 2025 es de 120.000 €.

7. Gloria heredó de su tío, fallecido en 2016, dos cuadros del famoso pintor ampurdanés A. Soley (1926-2007) valorados, a efectos del Impuesto sobre Sucesiones y Donaciones, en 28.000 € y 69.000 € respectivamente. Dichos cuadros están cedidos por diez años a una Institución Cultural sin ánimo de lucro para su exhibición pública.

8. Jesús es propietario de un apartamento en Pau (Francia) que adquirió por 200.000 €, y por el que ha tributado en 2025, por un impuesto equivalente al de patrimonio de aquel país, 200 €

9. En su declaración del IRPF correspondiente a 2025, Jesús ha hecho constar una base imponible (liquidable) de 45.000 €, a la que corresponde una cuota íntegra de 13.416 €. Gloria ha declarado una base imponible (liquidable) de 85.000 € y una cuota íntegra de 31.416 €.

Se pide:

Practicar las liquidaciones del Impuesto sobre el Patrimonio de 2025.

SOLUCIÓN

Las declaraciones del IP siempre se realizan con carácter individual, por tanto, es obligatorio realizar una declaración del impuesto por cada persona física (sujetos pasivos Jesús y Gloria) que sea titular de bienes o derechos económicos el día del devengo (31 de diciembre).

Concepto	Jesús	Gloria
Valor de los bienes y derechos	1.015.000,00	200.000,00
Vivienda habitual (1)	50.000,00	50.000,00
Actividad empresarial (2)	245.000,00	
Depósitos y cuentas (3)	200.000,00	150.000,00
Acciones (4)	200.000,00	
Obligaciones (5)		
Automóviles (6)	120.000,00	
Cuadros (7)		
Apartamento en Francia (8)	200.000,00	
Valor de las deudas (9)	−10.717,50	−10.717,50
Base imponible (10)	1.004.282,50	189.282,50
Reducción (11)	700.000,00	700.000,00
Base liquidable	304.282,50	0
Cuota íntegra (12)	745,72	
Deducción por incumplir el límite conjunto con el IRPF (13)		
Deducción por impuestos satisfechos en el extranjero (14)	145.43	
Cuota líquida	600,29	

Notas explicativas:

(1) Para determinar el valor del piso a incluir en la base imponible, tenemos los siguientes datos:
    a) Valor catastral: 350.000 €.
    b) Valor comprobado por la administración: 700.000 €.
    c) Precio de adquisición: 700.000 €.
De acuerdo con el art. 10 LIP se escoge el mayor valor entre los tres, por lo tanto, 700.000 €, que tendrían que declarar a partes iguales entre los cónyuges, es decir:
    i. Valor a efectos del IP, Jesús: 350.000 €.
    ii. Valor a efectos del IP, Gloria: 350.000 €.
Pero hay una exención (art. 4. Nueve LIP): 300.000 €/declaración, por lo tanto, cada cónyuge declara de la vivienda 50.000 €.

(2) La actividad empresarial no está exenta ya que no es su fuente principal de renta (art 4. Ocho. uno LIP). El valor a efectos del IP, cuando se lleva una contabilidad conforme al Código de Comercio, se determina por la diferencia entre activo real y pasivo exigible, excepto en el caso de los inmuebles, en el que se aplican las reglas del IP (art. 11 LIP).
    a) Activo real: 260.000 €.
    b) Pasivo exigible: 30.000 €.
    c) Inmueble: Valor fiscal = mayor valor entre el valor catastral y el valor de adquisición: 200.000 €.
    d) Inmueble Valor contable = 200.000 − 15.000 = 185.000 €.

Por lo tanto, el inmueble hay que declararlo por 200.000 € y no por los 185.000 € por los que figura en la contabilidad.

Valor de la actividad empresarial = Activo real – pasivo exigible + ajuste por inmueble = 260.000 – 30.000 + 15.000 = 245.000 €.

(3) De acuerdo con el art. 12 LIP, los depósitos se valoran por el mayor entre el saldo a 31 de diciembre y el saldo medio del 4.º trimestre.

a) Para Jesús, se toma el saldo medio: 200.000 €.

b) Para Gloria, se toma el saldo a 31-12: 150.000 €.

(4) De acuerdo con el art. 15 LIP, el valor a computar es 10.000 acciones por 20 €, ya que es el valor de cotización media del 4.º trimestre: 200.000 €.

(5) A la fecha de devengo del impuesto, Gloria no era titular de las obligaciones, por lo que no debe declararlas.

(6) Se toma 120.000 €, el valor fijado en las tablas oficiales correspondientes (art. 18 IP).

(7) Están exentos del IP (art. 4.Tres a.LIP).

(8) El piso en Pau lo tiene que declarar según el art. 10 LIP. En este caso, el único valor conocido es el de adquisición, por lo tanto, lo declara por 200.000 €.

El impuesto que tiene que pagar en Francia por ese piso le permitirá disfrutar de la deducción en cuota por doble imposición personal (art. 32 LIP).

(9) Cuando adquirieron la vivienda, el matrimonio contrajo una deuda. La deuda pendiente en la fecha de devengo del IP es de 150.000 €, que podrán deducirse a partes iguales entre los cónyuges (igual que la vivienda).

No obstante, el art. 25 IP señala que, en caso de que un bien disfrute de una exención parcial, como ocurre con la vivienda habitual, será deducible la parte proporcional de las deudas.

El porcentaje de no exención de la vivienda habitual es: 50.000 / 350.000 = 14,29%. Es decir, para cada cónyuge, la deuda deducible será finalmente: 75.000 * 14,29% = 10.717,5 €.

Esta deuda minorará el valor de los bienes y derechos del sujeto pasivo.

Los intereses no son deducibles (art. 25 LIP).

(10) La base imponible es el valor de los bienes y derechos menos el valor de las deudas.

(11) El art. 28 LIP establece una reducción general de 700.000 €, coincidente con la aplicada en la Comunidad Autónoma de Aragón en 2025. La aplicación de esta reducción hace que Gloria tenga una base liquidable de cero euros y que, por lo tanto, no tenga que pagar nada en este impuesto.

(12) La cuota íntegra de Jesús será el resultado de aplicar a su base liquidable el art. 30 LIP. De esta manera, los primeros 167.129,45 € tributan un importe de 334,26 € y el resto tributa al tipo marginal del 0,3%. La cuota íntegra es de 745,72 €.

(13) El límite conjunto IP-IRPF de Jesús asciende a 14.000 €, que es el 60% de su BI (IRPF). No es necesario modificar la cuota íntegra del IP.

(14) Jesús soporta una doble imposición, ya que por el apartamento que tiene en Francia paga impuesto en Francia y en España. Por ello, tiene derecho a la deducción del art. 32 LIP, que será de la menor de dos cantidades:

El impuesto satisfecho en Francia por ese apartamento = 200 €.

El impuesto que resulte de aplicar su tipo medio de gravamen a la parte de la base liquidable gravada en Francia: 0,24% * 60.597 = 145,43 €, donde:

Tipo medio de gravamen (art. 32.Dos LIP) = CI*100 / BL = 745,72 / 304.282,5 = 0,0024.

BL (apartamento) = 304.282,5 * (200.000 / 1.004.282,5) = 60.597 €.

La deducción por doble imposición es de 145,43 €.

2.5. Cuestiones propuestas

Cuestión 1. Exenciones

Elena y Guzmán son hermanos y propietarios de un local comercial en el que Elena realiza una actividad empresarial de forma directa y percibe de la misma la mayoría de las rentas gravadas en el IRPF. El valor catastral del local en 2025 es de 500.000 €, y su valor de mercado de 1.000.000 €.

En relación con el Impuesto sobre el Patrimonio, ¿quién deberá declarar el citado local?; ¿por qué importe?; ¿qué ocurriría si Elena y Guzmán fuesen matrimonio?

No olvide consultar, entre otros: arts. 4, 7 y 10 LIP.

Cuestión 2. Valoración de elementos patrimoniales

Esteban Gutiérrez es el titular de una actividad empresarial en cuya contabilidad, llevada conforme al Código de Comercio, aparece el saldo de una cuenta corriente utilizada para el pago de proveedores que, a fecha de 31 de diciembre, se cifra en 45.000 €. Durante el último año, el saldo medio de la cuenta ha sido de 80.000 € y en el último trimestre de 92.000 €.

¿Cuál es el valor del depósito bancario a efectos del Impuesto sobre el Patrimonio?

No olvide consultar, entre otros: art. 15 LIP.

Cuestión 3. Derechos reales

Manolita Gómez heredó en 2005 unas acciones cotizadas en Bolsa. Sobre ellas, pesa un usufructo vitalicio que corresponde a su madre que, en 2025, tiene 78 años. Manolita posee la nuda propiedad. El paquete de acciones consiste en 1.500 acciones de 5 € de nominal, cotizadas en Bolsa durante el último trimestre del ejercicio a un 600% de media, aunque la cotización a fin de año fue de 560%.

¿Cuál es el valor por el que se deben declarar las acciones a efectos del Impuesto sobre el Patrimonio? ¿Quién debe declararlas? Tenga en cuenta la siguiente información adicional:

Artículo 10.2.a LITPAJD:
El valor del usufructo temporal se reputará proporcional al valor total de los bienes, en razón del 2 por 100 por cada período de un año, sin exceder del 70 por 100.

En los usufructos vitalicios se estimará que el valor es igual al 70 por 100 del valor total de los bienes cuando el usufructuario cuente menos de veinte años, minorando, a medida que aumenta la edad, en la proporción de un 1 por 100 menos por cada año más con el límite mínimo del 10 por 100 del valor total.

El usufructo constituido a favor de una persona jurídica si se estableciera por plazo superior a treinta años o por tiempo indeterminado se considerará fiscalmente como transmisión de plena propiedad sujeta a condición resolutoria.

El valor del derecho de nuda propiedad se computará por la diferencia entre el valor del usufructo y el valor total de los bienes. En los usufructos vitalicios que, a su vez, sean temporales, la nuda propiedad se valorará aplicando, de las reglas anteriores, aquella que le atribuya menor valor.

No olvide consultar, entre otros: art. 13 LIP.

Cuestión 4. Bienes inmuebles

Agustina Pérez tiene la titularidad de un derecho para el uso de un apartamento en la playa durante un mes al año, sin que ello suponga la titularidad de ningún inmueble. Pagó por el título que le confiere dicho uso 6.000 €. El valor catastral revisado del inmueble en 2025 es de 30.000 €.

¿Cuál es el valor que debe declarar la Sra. Pérez en su liquidación del Impuesto sobre el Patrimonio?

No olvide consultar, entre otros: art. 10 LIP.

2.6. Ejercicios propuestos

Ejercicio 1

El Sr. Álvarez y la Sra. García, residentes en León, presentan los siguientes datos y circunstancias económico-fiscales en 2025:

a) Bienes inmuebles

Habitan una vivienda que adquirieron en 2014 por 780.000 € y cuyo valor catastral actualizado, revisado en 2021, asciende a 220.000 €. Dado que pagaron la vivienda al contado, no tienen deudas por aquella compra.

La Sra. García heredó en 2018 una finca rústica en la montaña que ambos utilizan con fines recreativos, que valoró a efectos del Impuesto sobre Sucesiones y Donaciones en 160.000 € y cuyo valor catastral es en 2025 de 52.000 €. La administración tributaria de la Comunidad Autónoma estableció un año más tarde que el valor de la finca era de 180.000 €.

b) Depósitos bancarios

Tienen una cuenta a plazo fijo por importe de 300.000 €.

Tienen una cuenta corriente a la vista con los siguientes movimientos:

Saldo, a 30 de septiembre de 2025: 32.000 €.

Ingresó, el 1 de noviembre de 2025, 36.000 €.

La Sra. García retiró, el 30 de noviembre de 2025, 18.000 € para los gastos de las fiestas navideñas.

Saldo, a 31 de diciembre de 2025: 50.000 €.

c) Patrimonio empresarial

La Sra. García regenta un comercio en un local alquilado. El valor que se deduce de la contabilidad arroja un activo de 55.000 € y un pasivo exigible de 38.000 €. La Sra. García interviene en la gestión de forma habitual, personal y directa y obtiene de este negocio su principal fuente de renta.

d) Valores mobiliarios

El Sr. Álvarez posee 300 acciones de una sociedad mercantil que no cotiza en Bolsa y que representan el 3% del capital social, con un valor nominal de 5 € cada una. El último balance aprobado no ha sido auditado. El neto patrimonial deducido de la contabilidad asciende a 58.740 € y se sabe que, en los tres últimos años, los beneficios han sido positivos en dos de ellos, por 7.600 € y 19.575 € y pérdidas, en el otro, por 1.624 €.

La Sra. García posee 6.000 acciones del Banco B. La cotización media del último trimestre ha sido del 127%, teniendo un valor nominal de 50 € por acción y una cotización, el 31 de diciembre de 2025, del 144%.

e) Otros bienes y derechos

Conjuntamente, poseen los siguientes bienes:

Un automóvil marca Seat valorado, según las correspondientes tablas del Ministerio de Hacienda, en 16.000 €.

Una embarcación de recreo valorada, según las correspondientes tablas del Ministerio de Hacienda, en 48.000 €.

Un abrigo de visón valorado a fin de año en 7.200 €.

Finalmente, se sabe que la base imponible del IRPF del Sr. Álvarez es de 52.450 €, con una cuota íntegra de 12.588 €. Los mismos datos para la Sra. García son 88.300 € y 26.490 €, respectivamente.

Se pide:

Realizar las declaraciones del Impuesto sobre el Patrimonio de 2025.

3. IMPUESTO SOBRE EL VALOR AÑADIDO

3.1. Regulación

Ley 37/1992, de 28 de diciembre, del IVA (LIVA).

RD 1624/1992, de 29 de diciembre, por el que se aprueba el reglamento del impuesto (RIVA).

3.2. Cuestiones resueltas

Cuestión 1. Delimitación de empresario o profesional.

Analice si las siguientes personas tienen o no la consideración de empresarios o profesionales a efectos de IVA:

a) Una sociedad anónima dedicada a realizar actividades económicas.

b) Una persona física que se dedica a explotar un restaurante.

c) Un economista dado de alta en el régimen de autónomos que se dedica a la contabilidad empresarial.

d) Un particular que vende a un amigo en Francia un vehículo con 10.000 km recorridos que ha usado durante tres años.

e) Un particular que decide construir en un terreno de su propiedad una vivienda para uso familiar.

SOLUCIÓN

a) Sí (art. 5.Uno.a LIVA).

b) Sí (art. 5.Uno.a LIVA).

c) Sí (art. 5.Uno.a LIVA).

d) No se considera empresario porque incumple los requisitos del art. 5.Uno. e LIVA por no tratarse de un medio de transporte nuevo (art. 13.2 LIVA).

e) No se trata de empresario porque no cumple los requisitos del art. 5.Uno.d LIVA, al no dedicar el inmueble a la venta.

Cuestión 2. Sujeción

Indique si las siguientes operaciones están o no sujetas a IVA:

a) Una perfumería regala a sus clientes muestras publicitarias gratuitas de una nueva crema sin valor comercial estimable.

b) Un oftalmólogo regala a una ONG uno de sus aparatos de graduación de la vista.

c) BUZSA vende billetes de autobús a los usuarios.

d) Una empresa regala a sus clientes unos calendarios con el nombre comercial de la empresa impreso en los mismos. El coste de cada calendario asciende a 5 €.

e) Una trabajadora del hogar presta servicios de limpieza y cuidado de niños a familias.

f) Una empresa fabricante de bebidas transmite sus activos, menos el local, a otra empresa que los afecta a la suya. El local se lo arrienda por 1.000 € al mes.

SOLUCIÓN

a) Operación no sujeta a IVA (art. 7.2.° LIVA).

b) Operación no sujeta a IVA (art. 7.7.° LIVA). Este autoconsumo no está sujeto a IVA, ya que la compra del aparato no dio en su día derecho a deducción del IVA soportado (por realizar actividades exentas).

c) Operación sujeta a IVA, ya que BUZSA es una sociedad de capital privado.

d) Operación no sujeta a IVA (art. 7.4.° LIVA), por tratarse de la entrega gratuita de objetos publicitarios (sin exceder 200 € anuales al mismo sujeto).

e) Operación no sujeta (art. 7.5.° LIVA), es una relación de trabajo dependiente de régimen especial. Otros ejemplos de este tipo de relaciones serían los administradores o los deportistas profesionales.

f) Transmisión de rama de actividad: Operación no sujeta a IVA (art. 7.1 LIVA). El arrendamiento del local será una operación sujeta y no exenta.

Cuestión 3. Exención

Indique si las siguientes operaciones están o no exentas de IVA:

a) La venta de entradas a un polideportivo privado de carácter social.

b) Las clases particulares de informática impartidas por una persona física.

c) La matrícula en un programa de postgrado impartido por la Universidad de Zaragoza.

d) El pago de las cuotas mensuales de una guardería privada autorizada.

e) Un particular alquila a otro particular una vivienda, incluyendo en dicho alquiler una plaza de garaje.

f) Un banco alquila cajas de seguridad.

g) Un colegio concertado transmite por 10 € al padre de un alumno un ordenador que costó 500 € hace tres años y que ha estado afecto a la actividad de enseñanza. ¿Y si se lo alquila?, ¿y si se lo regala?

SOLUCIÓN

a) Operación sujeta pero exenta, por tratarse de servicios prestados por un establecimiento deportivo privado de carácter social para la práctica del deporte (art. 20.Uno.13.º.e LIVA).

b) Las clases particulares sobre materias de los planes de estudio impartidas por una persona física son una prestación de servicios sujeta y exenta (art. 20.Uno.10.º LIVA).

c) La educación prestada por entes públicos o privados autorizados se considera una prestación de servicios sujeta y exenta, en cualquiera de sus grados y niveles (art. 20.Uno.9.º LIVA).

d) Operación exenta (art. 20.Uno.9.º LIVA).

e) Es una operación sujeta y exenta, por tratarse del arrendamiento de una vivienda (art. 20.Uno.23.º.b LIVA). La exención abarca los garajes y anexos accesorios a la vivienda, así como los bienes muebles arrendados conjuntamente con ellos.

f) Es una operación sujeta y no exenta por no encontrarse dentro de los casos de exención del art. 20 LIVA.

g) En caso de que se lo venda, la operación está exenta porque lo ha usado en operaciones que no dan derecho a deducción y no es un bien de inversión en periodo de regularización (art. 20.Uno.24 LIVA). En el caso de que lo alquile no está exenta, ya que es una prestación de servicios, no una entrega de bienes. Si lo regalase, se trataría de un autoconsumo de bienes (art. 9.1.º.b LIVA) externo ya que sale del ámbito empresarial. Se asimila a entrega de bienes. No está sujeto porque su adquisición no dio derecho a deducción (art. 7.7.º LIVA).

Cuestión 4. Operaciones inmobiliarias

Diga cómo tributan en el IVA las siguientes operaciones relacionadas con inmuebles:

a) Una sociedad limitada vende un solar de su propiedad.

b) Una sociedad anónima vende un local de su propiedad.

c) Una promotora inmobiliaria vende una vivienda de nueva construcción.

d) Una sociedad anónima arrienda a otra un local de su propiedad.

SOLUCIÓN

a) Operación sujeta y no exenta de IVA (art. 20.Uno.20.ª LIVA). Los solares son, por definición, terrenos edificables. Únicamente estaría exento si fuese un terreno no edificable.

b) Operación sujeta y exenta (art. 20.Uno.22.°a LIVA). Esta exención es renunciable si se cumplen los requisitos del art. 20.Dos LIVA.

c) Operación sujeta y no exenta de IVA.

d) Operación sujeta y no exenta de IVA.

Cuestión 5. Lugar de realización del hecho imponible

Determine dónde se localizan a efectos de IVA las siguientes operaciones:

a) Un veterinario inglés tiene una consulta en Marbella. Desde ella, atiende a las mascotas de diversos clientes particulares residentes en distintos países del mundo.

b) Una persona de nacionalidad alemana vende en Hamburgo su chalet de Mallorca a un comprador holandés.

c) Un jubilado sueco posee un local comercial en Huelva que tiene alquilado todo el año a una empresa con sede en Ginebra.

d) En un periódico aragonés se anuncian tres particulares no situados en el territorio de aplicación del impuesto (TAI): un francés, un canario y un argentino (que residen en dichos territorios).

SOLUCIÓN

a) Servicios realizados en España por aplicación de la regla general (sede del prestador del servicio). Art. 69.Uno.2.° LIVA.

b) Está no sujeto, ya que quien realiza la entrega no es empresario ni profesional.

c) Servicio realizado en el TAI, sujeto al IVA español. Tanto las entregas de inmuebles (caso b) como los servicios relacionados con inmuebles se localizan en el territorio donde radica el inmueble. Art. 70.Uno.1.° LIVA.

d) Servicio localizado en TAI y sujeto al IVA español, por tratarse de un servicio profesional (art. 69.Dos.c LIVA) prestado por empresario en TAI al particular situado en un país de la Unión Europea y al particular situado en Canarias. El argentino no se entiende realizado en TAI.

Cuestión 6. Operaciones internacionales

Indique dónde se realiza el hecho imponible del IVA en las siguientes operaciones de comercio internacional:

a) Un empresario español, establecido en Madrid, adquiere telas a una compañía establecida en Portugal, que le son enviadas hasta Madrid.

b) Una empresa establecida en Madrid adquiere productos químicos en EE. UU., que le son enviados de Nueva York a Madrid (aeropuerto de Adolfo Suárez-Barajas).

c) Un particular viaja a Marruecos desde el aeropuerto de Zaragoza, donde adquiere varias alfombras que trae a Zaragoza para decorar su casa por un total de 1.000 €.

SOLUCIÓN

a) Se realiza el hecho imponible en TAI como adquisición intracomunitaria de bienes (AIB) (art. 13.Uno.a LIVA).

b) Se realiza el hecho imponible en TAI como una importación, liquidándose el IVA correspondiente en la aduana del aeropuerto de Adolfo Suárez-Barajas (art. 18.Uno.1.º LIVA). Operación sujeta y no exenta.

c) Se realiza el hecho imponible en TAI como una importación. Al llegar al aeropuerto de Zaragoza, se produce el hecho imponible de importación (art. 18.Uno.1.º LIVA). Operación sujeta y no exenta.

Cuestión 7. Devengo

CESA, dedicada al negocio de la construcción, adquiere cemento a la empresa CEMENTASA, el 15 de junio, por importe de 120.000 €, fecha en la que CESA abona un 10%, entregando la proveedora una factura por 12.000 €. El 15 de julio se entrega la mercancía junto con una factura por importe de 108.000 €, que se pagarán de la siguiente forma:

15 de agosto	36.000 €
15 de septiembre	36.000 €
15 de octubre	36.000 €

¿Cuándo se produce el devengo en esta operación? Si a 1 de septiembre se produce un aumento de los tipos impositivos vigentes, ¿cómo afecta esta subida a la operación descrita?

SOLUCIÓN

De acuerdo con el art 75.Uno y Dos LIVA, el devengo se produce cuando los bienes se consideran entregados al comprador. Se regula una regla especial para los casos de anticipos, ya que también se devenga el Impuesto en ese momento. Por lo tanto, en la operación descrita hay dos devengos: el 15 de junio y el 15 de julio. En caso de cambio de tipo de gravamen en septiembre, la operación no se ve afectada ya que el devengo se ha producido con anterioridad.

Cuestión 8. Base imponible y cuota devengada

Determine la base imponible y el IVA repercutido en el caso de la venta de un automóvil por 20.000 €, al que se le aplica un descuento especial fin de año de 3.000 €. Los gastos de transporte ascienden a 1.000 € y el Impuesto Especial sobre Determinados Medios de Transporte (IEDMT) aplicable es del 12%.

SOLUCIÓN

Precio vehículo	20.000
(+) Transporte	1.000
(−) Descuento	3.000
(=) Base imponible	18.000
(*) Tipo (21%)	0,21
(=) IVA repercutido	3.780

El IEDMT no se incluye en la base imponible del IVA (art. 78.Dos.4 LIVA). El descuento se resta en el cálculo de la base imponible (art. 78.Tres 2.° LIVA).

Cuestión 9. Tipo de gravamen

Determine cuál es el tipo de gravamen de las siguientes ventas de PASA:

a) Leche UHT de diferentes tipos.
b) Leche condensada.
c) Leche de soja.
d) Leche maternizada utilizada en alimentación infantil.
e) Leche fermentada.
f) Pan común congelado, pan integral y pan de molde.

g) Transportes de mercancías pagados a transportistas.

h) Agua, agua destilada para planchas de vapor.

i) Cervezas sin (legalmente pueden contener hasta 0,5% alcohol).

j) Preservativos.

k) Compresas.

l) Bebidas refrescantes.

m) Aceite de oliva

n) Arroz donado a una entidad sin fines lucrativos regulada por la ley 49/2002 para los fines de interés general.

SOLUCIÓN

Según los artículos señalados y de acuerdo con las consultas tributarias, se concluyen los siguientes tipos:

a) 4% (art. 91.Dos.1.1.°.c LIVA).

b) 10% (art. 91.Uno.1.1.° LIVA), ya que no se encuentra en la relación de tipos de leche del art. 91.Dos.1.1.°.c.

c) 10% (art. 91.Uno.1.1.° LIVA), ya que no es de origen animal y es apta para el consumo humano.

d) 10% (art. 91.Uno.1.1.° LIVA), ya que no se encuentra en la relación de tipos de leche del art. 91.Dos.1.1.°.c.

e) Desde el 1-1-2025 al 4% (art. 91.Dos.1.1.°.c LIVA).

f) 4% en los tres casos (art. 91.Dos.1.1.°.a). La Resolución de la Dirección General de Tributos de 24-02-2025 ha fijado que el 4% es aplicable a todos los productos referidos en el Real Decreto 308/2019, de 26 de abril, por el que se aprueba la norma de calidad para el pan incluyendo a los denominados panes especiales, como el pan de molde.

g) 21% (art. 90 LIVA).

h) Agua, 10% (art. 91.Uno.1.4.° LIVA). Agua destilada para planchas de vapor, 21% (art. 90 LIVA).

i) Cervezas sin (pueden contener hasta 0,5% alcohol), 21% (art. 90 LIVA).

j) 4% (art. 91.Dos.1.7.°.LIVA).

k) 4% (art. 91.Dos.1.7.°.LIVA).

l) 21%, ya que las bebidas refrescantes están excluidas de tributar al 10% (art. 91.Uno.1.1.°.b LIVA).

m) 4% (art. 91.Dos.1.1.°.g LIVA).

n) 0% (art. 91.Cuatro LIVA)

Cuestión 10. Cálculo de cuotas en operaciones intracomunitarias

La empresa BUENCALZADO, S. A., establecida únicamente en Zaragoza, se dedica a la fabricación y venta de artículos de calzado. Sus compras y ventas se realizan tanto en el territorio peninsular español como en otros países de la Unión Europea y siempre se encarga del transporte. Suponga que los datos de un período de liquidación son:

Venta de mercancías en territorio peninsular español	300.000
Venta de mercancías a empresarios de la UE	200.000
Venta de mercancías a particulares en Francia e Italia	2.000
Compra de materiales a empresarios en TAI	30.000
Compra de materiales a empresarios de la UE	40.000

Con estos datos, indique cuál sería la liquidación del IVA para BUENCALZADO, S. A.

SOLUCIÓN

Operación	IVA devengado	IVA soportado deducible
Venta de mercancías en territorio peninsular español	63.000	-
Venta de mercancías a empresarios de la UE	(1)	-
Venta de mercancías a particulares en Francia e Italia	420 (2)	-
Compra de materiales a empresarios en TAI	-	6.300
Compra de materiales a empresarios de la UE	8.400 (3)	8.400
Total	71.820	14.700
Liquidación IVA	57.120	

Notas explicativas:

(1) EBPS: sujeta y exenta (art. 25.Uno.a LIVA).

(2) EBPS: venta a distancia intracomunitaria de bienes (art. 9.Tres.1º.a LIVA) ya que el transporte lo realiza el vendedor y las adquisiciones intracomunitarias de los particulares, los adquirentes, no están sujetas. En virtud del art. 69.Tres.b LIVA se entiende realizada en TAI por ser el lugar de inicio del transporte y entender que no se supera las ventas el límite del art. 73 LIVA y no ha optado por tributar en destino. OSNE

(3) AIB: sujeta (art. 13.1.ª LIVA) y no exenta. SP: el empresario adquirente (art. 85 LIVA) que se autorrepercute el IVA.

Cuestión 11. Deducciones

¿Pueden deducir las cuotas soportadas en la compra de bienes relacionados con su actividad económica los siguientes agentes?

a) Un médico.
b) Un centro educativo privado autorizado.
c) Una constructora inmobiliaria.
d) Una entidad aseguradora.

SOLUCIÓN

a) No, por realizar exclusivamente operaciones exentas (art. 20.Uno. 3.° y art. 94.Uno LIVA).

b) No, por realizar exclusivamente operaciones exentas (art. 20.Uno. 9.° y art. 94.Uno LIVA).

c) Sí, porque las entregas de construcciones nuevas no están exentas inicialmente, otorgando el derecho a deducción.

d) No, si realiza exclusivamente operaciones exentas (art. 20.Uno. 16.° y art. 94.Uno LIVA).

Cuestión 12. Deducciones

a) ¿Son deducibles las cuotas soportadas por un abogado por el uso del teléfono que tiene instalado en su vivienda, con el que realiza y recibe tanto llamadas relacionadas con su actividad profesional como a título particular?

b) En las declaraciones de IVA, ¿es deducible el IVA soportado en la adquisición de un turismo utilizado por un taxista tanto en su actividad profesional como también algunos fines de semana?

c) Un fontanero adquiere un turismo que va a utilizar indistintamente en su actividad económica y en su vida privada. Ni él ni la Administración son capaces de demostrar la proporción en la que el vehículo será utilizado para las actividades particulares y empresariales. ¿Puede deducirse el IVA soportado en la compra del vehículo?

SOLUCIÓN

a) No, ya que el servicio telefónico se utiliza simultáneamente para fines profesionales y privados (art. 95.Dos.2.° LIVA).

b) Sí, ya que los taxis se presumen afectos al 100% (art. 95.Tres.2.°.b LIVA).

c) Sí, al 50% (art. 95.Tres.2.° y 95.Cuatro LIVA).

Cuestión 13. Deducciones. Prorrata

Una autoescuela imparte clases para enseñanza de conductores. Ha facturado, por permisos de conducción del tipo B, un millón de euros, y del tipo C, con exención del impuesto, tres millones. El IVA soportado potencialmente deducible (IVAspd) por esta empresa en dicho año ha sido de 100.000 €. ¿Cuál será su IVA deducible?

SOLUCIÓN

Prorrata = (Operaciones con derecho a deducción / Total de operaciones) * 100 = (1.000.000 / 4.000.000) * 100 = 25%

IVA deducible = IVAspd * prorrata = 100.000 * 25% = 25.000 €.

Cuestión 14. Deducciones. Prorrata

Una empresa constructora ha alquilado viviendas por importe de 54.000 € al año y locales comerciales por valor de 126.000 €. Además, ha vendido un local comercial que tenía como oficina desde hace 11 años, por valor de 200.000 €. ¿Cuál es la prorrata de la empresa?

SOLUCIÓN

Prorrata = (Operaciones con derecho a deducción / Total de operaciones) * 100 = [126.000 / (126.000 + 54.000)] * 100 = (126.000 / 180.000) * 100 = 70%.

No se tiene en cuenta el valor de la venta del local comercial para el cálculo de la prorrata (art. 104.Tres 4.º LIVA), por no ser una operación habitual.

Cuestión 15. Deducciones. Prorrata General y Especial

Una autoescuela ha facturado por permisos de conducción de tipo A por valor de un millón de euros, y por permisos de tipo D, con exención del impuesto, por valor de tres millones. El IVA soportado potencialmente deducible por esta empresa en dicho año ha sido de 100.000 € que, de acuerdo con la contabilidad de costes de la empresa, pueden imputarse en 30.000 € a los permisos A y en los 70.000 a los permisos D. ¿Cuál será su IVA deducible, aplicando la prorrata especial? ¿Y si aplicase la prorrata general?

SOLUCIÓN

Prorrata = 25%

IVA deducible por prorrata especial = (total de IVAsd) PE = 30.000 * 100% = 30.000 €.

IVA deducible por prorrata general = (total de IVAsd) PG = 100.000 * 25% = 25.000 €.

Cuestión 16. Deducciones. Prorrata General y Especial

Una autoescuela ha facturado por permisos de tipo A por valor de un millón de euros, y por permisos de tipo C, con exención del impuesto, por valor de tres millones. El IVA soportado potencialmente deducible por esta empresa en dicho año ha sido de 150.000 € que, de acuerdo con la contabilidad de costes de la empresa, pueden imputarse en 30.000 € a los permisos A, en 70.000 a los permisos C y los 50.000 restantes a gastos generales de la autoescuela. ¿Cuál será su IVA deducible? ¿Qué prorrata deberá utilizar si no ha optado por ninguna?, ¿cuál le conviene?

SOLUCIÓN

Prorrata = 25%.

IVA deducible por prorrata especial = 30.000 € + (25% * 50.000) = 30.000 + 12.500 = 42.500 €.

IVA deducible por prorrata general = 150.000 * 25% = 37.500 €.

No es de aplicación obligatoria la prorrata especial ya que no se cumple que: (total de IVAsd) PG ≥ 1,10 * (total de IVAsd) PE (art. 103.Dos LIVA). Le conviene la especial, por lo que podrá optar por ella (teniendo en cuenta que si lo hace la opción le obliga, al menos, por este año y los dos siguientes, art. 28.1 RIVA).

Cuestión 17. Deducciones. Prorrata provisional y definitiva

La empresa de la cuestión 14 tuvo una prorrata en el año anterior del 80% y un IVA soportado potencialmente deducible del primer trimestre de 1.000 € que es idéntico al del cuarto trimestre. En los demás trimestres no ha realizado compras. ¿Cuánto se deduce cada trimestre?; ¿cuál será la regularización por aplicación de la prorrata definitiva?; ¿cuál será el IVAsd anual según la prorrata general?

SOLUCIÓN

Primer trimestre: IVAsd = 1.000 * 80% = 800 €.

Cuarto trimestre: IVAsd = 1.000 * 70% = 700 €.

Regularización de lo deducido en el primer trimestre = 1.000 * (80% - 70%) = 100 € que ingresará a Hacienda, por lo que la cuantía finalmente deducida ese primer trimestre es: 800 – 100 = 700 €.

IVAsd anual = 800 + 700 – 100 = 1.400 €.

Cuestión 18. Deducciones. Prorrata provisional y definitiva

Consideremos la misma situación que en la cuestión 17 pero supongamos ahora que la prorrata del año anterior es del 50%.

SOLUCIÓN

Primer trimestre: IVAsd = 1.000 * 50% = 500 €.

Cuarto trimestre: IVAsd = 1.000 * 70% = 700 €.

La regularización de lo deducido en el primer trimestre es = 1.000 * (50% – 70%) = –200 € que solicitará le devuelva Hacienda, por lo que la cuantía finalmente deducida ese primer trimestre es: 500 + 200 = 700 €.

IVAsd anual = 500 + 700 + 200 = 1.400 €.

3.3. Ejercicios resueltos

Ejercicio 1. Operaciones sujetas no exentas

Un empresario individual, que posee la cristalería GLASS en Zaragoza, presenta los siguientes datos en el segundo trimestre:

1) Compra materias primas (tornillos, colas, cristales, etc.) a empresarios residentes en la Península por 450.000 €, cargándose en factura portes y embalajes por importe de 30.000 €.

2) Importa de Suiza una máquina industrial. Su precio de compra es de 50.000 francos suizos y el importador paga, además, los gastos accesorios (embalajes, portes, transportes y seguros) hasta el lugar de introducción del bien en el territorio aduanero español, que ascienden a 500 francos suizos.

La mercancía es recogida en la aduana el 15 de junio devengándose en dicho momento los derechos de importación y procediéndose a presentar el correspondiente DUA (Documento Único Administrativo) que es admitido a trámite. No obstante, los gravámenes se pagan el 30 de junio.

Los derechos del Arancel de Aduanas ascienden a 2.500 €.

El cambio del franco suizo en el momento de devengo del IVA es de 0,60 €.

3) Compra divisas a una entidad financiera de Zaragoza para pagar la importación por valor de 30.300 €.

4) La empresa situada en TAI suministradora de luz (potencia contratada superior a 10kw) y teléfono le ha cobrado en total: 18.000 €.

5) Ha pagado sueldos y salarios a sus trabajadores: 100.000 €.

6) Un abogado le ha cobrado por su asistencia en diversos procesos con proveedores: 2.103,54 €.

7) En junio ha comprado dos diamantes a una empresa española. Uno, de uso industrial, por 30.050,61 €, para cortar los cristales de su actividad, y otro por 20.000 €, para regalárselo a su pareja.

8) Se ha comprometido con una constructora a suministrar e instalar todas las ventanas y lunas de un grupo de naves industriales que esta promueve. Como las naves están situadas en otro municipio aragonés, ha alquilado a un particular, durante mayo y junio, un local que emplea como almacén. El alquiler satisfecho ha sido de 2.704,55 €.

9) Entre sus clientes está una aseguradora aragonesa a la que le factura 54.090 € por los cristales de viviendas rotos en siniestros asegurados.

10) Además, ha realizado en su ciudad durante el trimestre ventas por valor de 780.000 €; cargándose en factura 7.000 € en concepto de embalajes, portes y transportes; y 1.900 € en concepto de diversos seguros. Sobre el precio de venta de una operación incluida en las anteriores, se ha efectuado un descuento por pronto pago de 1.200 €.

Se pide:

Practicar la liquidación del segundo trimestre según el régimen general de IVA.

(Aclaraciones: No ha solicitado su inscripción en el registro de devolución mensual por lo que presenta declaraciones trimestralmente. Todas las cantidades se expresan sin impuestos).

SOLUCIÓN

En el cuadro adjunto, se recogen las cuotas de IVA repercutidas (IVAr), soportadas (IVAs) y el IVAspd (IVA$_S$ que es, en principio, deducible, según los arts. 95 y 96 LIVA, y que denominamos «soportado potencialmente deducible»).

Apartado	Tipo	Base Imponible	Tipo Gravamen	IVAr	IVAs	IVAspd
1	OSNE (1)	480.000,00	21%		100.800,00	100.800,00
2	OSNE (2)	32.800,00	21%		6.888,00	6.888,00
3	OSE (3)					
4	OSNE	18.000,00	21%		3.780,00	3.780,00
5	No Sujeta (4)					
6	OSNE	2.103,54	21%		441,74	441,74
7	OSNE	30.050,61	21%		6.310,63	6.310,63
7	OSNE	20.000,00	21%		4.200,00	0,00 (7)
8	OSNE (5)	2.704,55	21%		567,96	567,96
9	OSNE	54.090,00	21%	11.358,90		
10	OSNE (6)	787.700,00	21%	165.417,00		
Total				176.775,90		118.788,33

Notas explicativas:

(1) La entrega por parte de los empresarios proveedores de materias primas constituye un hecho imponible del Impuesto. Ninguno de estos productos se encuentra en la relación de exenciones (art. 20 LIVA), con lo que las entregas de estos bienes habrán sido operaciones sujetas y no exentas (OSNE). La base imponible de estas entregas estará constituida por el precio más los portes y embalajes (art. 78.Dos LIVA).

B.I. = 450.000 + 30.000 = 480.000 €.

IVA$_S$ = 480.000 * 0,21 = 100.800 €.

(2) Se trata de una importación (hecho imponible art. 18.Uno.2.º). Las importaciones están sujetas al impuesto con independencia del fin a que se destinen y la condición del importador (art. 17 LIVA). La importación de la maquinaria no está exenta. El devengo coincidirá con el de los derechos de importación, que se producen en el momento de presentación del DUA, que será el 15 de junio (art. 77 LIVA).

La base imponible en el caso de las importaciones está constituida por el valor en aduana (que es la suma del precio más los gastos accesorios en los que se ha incurrido hasta el momento en el que el bien entra en territorio aduanero español); los impuestos y demás gravámenes que recaigan sobre el tráfico internacional, excluido el IVA; y los gastos accesorios (transporte, embalaje y seguro) hasta el primer lugar de destino de la mercancía en territorio comunitario (art. 83 LIVA). La base imponible se expresará en euros según el tipo de cambio de la moneda extranjera correspondiente al día de devengo de la operación.

B.I. = (50.000 + 500) * 0,60 + 2.500 = 32.800 €.

IVA$_S$ = 32.800 * 0,21 = 6.888 €.

En las importaciones, el sujeto pasivo es el importador (art. 86 LIVA) y se liquida junto con los impuestos arancelarios según lo dispuesto en la legislación aduanera (art. 167.Dos LIVA). En virtud del artículo 97.Uno.3 LIVA, ese IVAspd es deducible desde el momento en que se presenta en la administración tributaria el DUA (documento único administrativo), con independencia de cuándo se pague.

(3) La entidad financiera realiza operaciones relacionadas con divisas sin interés numismático que se consideran exentas según el art. 20.Uno.18.j LIVA.

(4) Operación no sujeta en virtud del art. 7.5.º LIVA.

(5) El particular, al ser arrendador, es empresario (art.8.Uno.c LIVA). El arrendamiento es considerado una prestación de servicios (art. 11.2.2.º LIVA). y el arrendador se considera sujeto pasivo del Impuesto (art. 84.Uno.1 LIVA). El arrendamiento de este local no está exento por no estar recogido en los casos del art. 20. Uno.23 LIVA.

$IVA_s = 2.704{,}55 * 0{,}21 = 567{,}96$ €.

(6) La base imponible de estas entregas de bienes estará integrada por el precio más los embalajes, portes, transportes y seguros y no incluirá el descuento por pronto pago, ya que este se ha realizado en el mismo momento del devengo (art. 78.Tres.2.º LIVA).

$B.I. = 780.000 + 7.000 + 1.900 - 1.200 = 787.700$ €.

$IVA_r = 787.700 * 0{,}21 = 165.417$ €.

(7) La única cuota soportada que no es «potencialmente deducible» es la que corresponde al diamante de 20.000 €, puesto que es uno de los bienes en los que el empresario tiene carácter de consumidor final, art. 96.Uno.4.º, y el art. 96.Dos.1.º no permite la deducción de sus cuotas, ya que no es de aplicación industrial.

IVA_{spd} (diamante regalo) $= 0$ €.

El otro diamante aunque se encuentra recogido en el listado de bienes en los que el empresario tiene carácter de consumidor final, art. 96.Uno.4.º y el art. 96.Dos.1.º, permite la deducción de sus cuotas ya que este diamante es de exclusiva aplicación industrial.

IVA_{spd} (diamante aplicación industrial) $= 6.310{,}63$ €.

Todas las cuotas, «potencialmente deducibles», recogidas en la última columna del cuadro, son finalmente deducibles puesto que este empresario únicamente realiza entregas de bienes y prestaciones de servicios sujetas y no exentas. La liquidación ascenderá a:

$IVA_{i/d} = IVA_r - IVA_{sd} = 176.775{,}90 - 118.788{,}33 = 57.987{,}57$ € a ingresar.

Ejercicio 2. Prorrata general y especial

Una sociedad aragonesa tiene por objeto social la fabricación y venta de los productos A y B (con un único epígrafe en el CNAE). Durante este año ha realizado las siguientes operaciones:

1) Ventas del producto A: 250.000 €.

2) Ventas del producto B: 150.000 €.

Además, se sabe que las compras y gastos relacionados con la actividad empresarial que ha realizado a empresarios situados en el TAI son:

3) Compra de materias primas y productos intermedios para la fabricación del producto A: 50.000 €.

4) Compra de materias primas y productos intermedios para la fabricación del producto B: 30.000 €.

5) Compra de materias primas utilizadas conjuntamente para la elaboración de los productos A y B: 20.000 €.

6) Sueldos y salarios del personal de la empresa: 80.000 €.

7) Facturas de luz (potencia contratada superior a 10kw) y gas natural: 5.000 €.

8) Teléfono: 4.000 €.

9) Asistencia jurídica en diversos procesos con proveedores: 5.000 €.

10) Adquisición de un automóvil de turismo a un concesionario: 30.000 €.

11) Facturas de restaurantes que son deducibles en el Impuesto de Sociedades: 5.000 €.

Por último, ha importado:

12) Una máquina industrial desde Japón, precisa para la elaboración del producto A: 20.000 €.

Se pide:

Calcule la liquidación del IVA en cada uno de los siguientes escenarios:

a) Las ventas de A y B están sujetas al IVA y no exentas.

b) Las ventas de A están sujetas y no exentas; las del producto B corresponden a exportaciones y entregas intracomunitarias exentas (arts. 21-25 LIVA).

c) Las ventas A y B están sujetas al IVA y exentas por el art. 20.Uno LIVA.

d) Las ventas de A están sujetas al IVA y no exentas y las de B están sujetas exentas por el art. 20 LIVA.

SOLUCIÓN

Apartado	Tipo	Base imponible	Tipo gravamen	IVAs	IVAspd	Relacionado con ventas
3	OSNE	50.000	21%	10.500	10.500	A
4	OSNE	30.000	21%	6.300	6.300	B
5	OSNE	20.000	21%	4.200	4.200	A y B
6	No Sujeta (1)	80.000				
7	OSNE	5.000	21%	1.050	1.050	A y B
8	OSNE	4.000	21%	840	840	A y B
9	OSNE	5.000	21%	1.050	1.050	A y B
10	OSNE	30.000	21%	6.300	3.150 (2)	A y B
11	OSNE	5.000	10% (3)	500	500	A y B

12	OSNE	20.000	21%	4.200	4.200	A
TOTAL					31.790 (4)	

Notas explicativas:

(1) Art. 7.5 LIVA.
(2) Art. 95.Tres.2.2.° LIVA.
(3) Art. 91.Uno.2.2.° LIVA.
(4) Este IVAspd total se puede dividir en tres importes: 14.700 € (correspondientes al IVAspd en compras ligadas exclusivamente al producto A), 6.300 € (correspondientes al IVAspd en compras ligadas exclusivamente al producto B) y 10.790 € (correspondientes al IVAspd en compras ligadas tanto al producto A como al producto B).

Ahora, se determina el IVAi/d en los diferentes escenarios (a, b, c y d).

	a: A y B OSNE	b: B OECDD	c: A y B OESDD	d: B OESDD
IVAr(A)	52.500	52.500	0	52.500
IVAr(B)	31.500	0	0	0
Total IVAr	84.000	52.500	0	52.500
– IVAsd	31.790	31.790	0	(1)
IVAi/d	52.210	20.710	0	Depende de (1)

Notas explicativas:

(1) En el escenario d se debe utilizar la regla de prorrata.
Prorrata (P) = 250.000 / 400.000 = 0,625. Redondeando: P = 63%.
Prorrata general: IVAsd = IVAspd * P = 31.790 * 0,63 = 20.027,70 €. De donde el IVAi/d = 32.472,30 €.
Prorrata especial: IVAsd = 14.700 + 10.790 * 0,63 = 21.497,70 €. De donde el IVAi/d = 31.002,30 €.
No es de aplicación obligatoria la prorrata especial ya que no se cumple el art. 103.Dos.2.° LIVA (IVAsd calculado con la general, exceda en más de un 10% al que correspondería a la especial). Le conviene la especial, por lo que podrá optar por ella (teniendo en cuenta que, si lo hace, la opción le obliga, al menos, por este año y los dos siguientes, art. 28.1 RIVA).

Ejercicio 3. Prorrata provisional y definitiva

Un empresario aragonés, con único epígrafe del CNAE, ha realizado durante el año pasado las siguientes ventas:

1) Actividades sujetas y no exentas por volumen de 8.000 €.

2) Actividades exentas que no dan derecho a deducción por 6.000 €.

Este año sus ventas y compras se distribuyen del siguiente modo:

	1.º T	2º. T	3.º T	4.º T
VENTAS				
Ventas sujetas y no exentas	3.000	5.000	3.000	1.000
Exportaciones	1.000	-	500	-
Entregas intracomunitarias de bienes exentas	-	2.000	500	100
Exenciones sin derecho a deducción	-	500	2.000	3.000
Total de ventas	4.000	7.500	6.000	4.100
COMPRAS				
Gastos y compras para actividades con derecho a deducción	4.000	-	2.000	2.000
Gastos y compras para actividades exentas sin derecho a deducción	-	-	3.000	500
Gastos y compras conjuntos a todas las ventas	2.000	-	500	100
Total de compras	6.000	-	5.500	2.600

Todas las compras han sido adquiridas en ventas sujetas y no exentas y tributan al tipo de gravamen general. Además, son potencialmente deducibles según los artículos 95 y 96 de LIVA.

Se pide:

Practicar las liquidaciones por el IVA de este año aplicando las reglas de prorrata general y especial indicando cuándo se aplicará cada modalidad.

(Aclaraciones: No ha solicitado su inscripción en el registro de devolución mensual por lo que presenta declaraciones trimestralmente. Todas las cantidades se expresan sin impuestos).

SOLUCIÓN

Para hallar el IVAsd, ya que todo el IVAs es IVAspd, se debe aplicar la prorrata, puesto que, en el desarrollo de la actividad empresarial, deben realizarse operaciones que dan derecho a deducción (entregas de bienes o prestaciones de servicios, sujetas y no exentas, exportaciones y entregas intracomunitarias exentas) junto con entregas exentas que no dan derecho a deducción.

Para liquidar los tres primeros trimestres, se utiliza la prorrata del año anterior *(t-1)*:

$$P_{t-1} = \frac{8.000}{8.000 + 6.000} * 100 \approx 58\%$$

Cuando se liquida el cuarto trimestre, se conoce el volumen de operaciones anual y se puede calcular la prorrata de este año (t):

$$P_t = \frac{12.000 + 1.500 + 2.600}{12.000 + 1.500 + 2.600 + 5.500} * 100 \approx 75\%$$

La prorrata se puede aplicar de dos maneras: prorrata general y prorrata especial.

i. Aplicación de la prorrata general (art. 105 LIVA).

Se obtienen las siguientes liquidaciones trimestrales:

	1.º T	2.º T	3.º T	4.º T
IVAr (1)	630,00	1.050,00	630,00	210,00
– IVAsd:	730,80		669,90	409,50
IVAspd (2)	1.260,00		1.155,00	546,00
Prorrata	58%	58%	58%	75%
Regularización (3)				
1.º trimestre				–214,20
2.º trimestre				
3.º trimestre				–196,35
Diferencia (4)	–100,80	1.050,00	–39,90	–610,05
Compensación		–100,80		–39,90
IVA i/d	–100,80	949,20	–39,90	–649,95

Notas explicativas:

(1) IVAr: se obtiene al multiplicar las únicas ventas no exentas por el tipo de gravamen general del IVA.

(2) IVAspd: se obtiene al multiplicar el total de compras por el tipo de gravamen general.

(3) Regularización: corresponde por aplicación del porcentaje definitivo de prorrata. Es el resultado de multiplicar el IVAspd de cada trimestre por la diferencia entre las prorratas que en este caso es del 17%. Así, la del primer trimestre es: 1.260 * 0,17 = 214,20 €.

(4) Diferencia: IVAr – IVAsd. En el cuarto trimestre, incluye la regularización por aplicación del porcentaje definitivo de prorrata de los tres primeros trimestres. Será: 210 – 409,50 – 214,20 – 196,35 = – 610,05 €.

El total de IVAsd según la prorrata general es 2.220,75 €. Las regularizaciones se adicionan porque llevan el mismo signo ya que ambas se acaban sustrayendo del IVAr. 730,80 + 669,90 + 409,50 + 214,20 + 196,35 = 2.220,75 €. Es lo mismo que aplicar a todo IVAspd del año la prorrata definitiva: (1.260 + 1.155 + 546) * 0,75. Si la prorrata de este año hubiese sido menor, las regularizaciones serían positivas por lo que operarían en sentido contrario al IVAsd, que siempre resta.

ii. Aplicación de la prorrata especial (art. 106 LIVA)

	1.º T	2.º T	3.º T	4.º T
IVAr	630,00	1.050,00	630,00	210,00
- IVAsd:	1.083,60		480,90	435,75
OSNE+OECDD (1)	840,00		420,00	420,00
OESDD (2)			0	0
Gastos conjuntos (3)	243,60		60,90	15,75
IVAspd conjuntos	420,00		105,00	21
Prorrata	58%	58%	58%	75%
Regularización (4):				
1.º trimestre				−71,40
2.º trimestre				
3.º trimestre				−17,85
Diferencia	−453,60	1.050,00	149,10	−315,00
Compensación		−453,60		
IVA i/d	−453,60	596,40	149,10	−315,00

Notas explicativas:

(1) El IVAspd vinculado a las ventas OSNE+OECDD es íntegramente deducible, por lo que esa fila se obtiene de multiplicar el precio de compra por el tipo de gravamen general.

(2) Ningún IVAspd relacionado con ventas OESDD es deducible. Por eso, en la solución indicamos 0 en el trimestre en que ha habido alguna de esas compras (3.º y 4.º).

(3) El IVAsd por los gastos conjuntos será el producto entre el IVAspd conjunto (resultado de multiplicar el valor de las compras de este tipo por el tipo de gravamen general) y la prorrata.

(4) Como en este procedimiento la prorrata solo incide sobre el IVAspd de las operaciones conjuntas solo habrá que ajustar esta fila, en la cuantía correspondiente a la diferencia de prorratas (17%). El signo es el mismo que el visto para la prorrata general. Así, por ejemplo, la regularización del primer trimestre es: 420 * 0,17 = 71,40 €.

El total de IVAsd según la prorrata especial es 2.089,50 €. El total de IVAsd es la suma de las casillas del IVAsd de cada trimestre con las regularizaciones en términos absolutos: 1.083,60 + 480,90 + 435,75 + 71,40 + 17,85 = 2.089,50 €. Que es lo mismo que sumar todos IVAspd por OCDD con el producto de todo el IVAspd por gastos conjuntos por la prorrata definitiva: 840,00 + 420,00 + 420,00 + (420,00 + 105,00 + 21,00) * 0,75 = 2.089,50 €.

iii. Elección entre prorratas

Se debe aplicar la prorrata general. Ya que no se comenta que haya optado por la especial (y este año no le conviene hacerlo) y no se cumple el art. 103.Dos.2.º

LIVA: (total de IVAsd) PG ≥ 1,10 * (total de IVAsd) PE. De hecho: (total de IVAsd) PG = 2.220,75 < 1,10 * (total de IVAsd) PE = 2.298,45 €.

Ejercicio 4. Regularización de deducciones de bienes de inversión

ABC, S. L. adquirió durante 2021 una máquina cortadora y una nave de nueva construcción, que entraron en funcionamiento inmediatamente y son considerados gastos conjuntos. El IVA soportado por la empresa aragonesa fue:

1) Máquina cortadora: 640 €.
2) Nave de nueva construcción: 5.280 €.

El desglose de las operaciones realizadas por esta sociedad es el siguiente:

Año	Ventas con derecho a deducción	Ventas sin derecho a deducción	Total
2021	70.000	35.000	105.000
2022	80.000	20.000	100.000
2023	75.000	32.000	107.000
2024	70.000	57.000	127.000
2025	100.000	20.000	120.000
2026	110.000	36.000	146.000

Entre las ventas del ejercicio, no hay ninguna operación no sujeta al impuesto.

En el año 2025, la sociedad vende la máquina cortadora por 1.000 €. El importe de esta operación no se encuentra recogido en el cuadro anterior.

Se pide:

a) Determinar la deducción a practicar por los bienes de inversión y las regularizaciones pertinentes de cada año.

b) Si se supone que en el año 2026 la empresa vende la nave a un particular, ¿qué ajuste se realizaría?

(Aclaraciones: Todas las cantidades se expresan sin impuestos).

SOLUCIÓN

a) Se determina cada año la deducción a practicar por los bienes de inversión y las regularizaciones pertinentes.

I. Año 2021:

El porcentaje de deducción es la prorrata y para este año es:

P_{2021} = 70.000 / 105.000 * 100 ≈ 67% (Art. 104.Dos y Tres LIVA).

	Máquina	Nave
IVAsd	640 * 0,67 = 428,80	5.280 * 0,67 = 3.537,60

II. Año 2022:

P_{2022} = 80.000 / 100.000 * 100 ≈ 80%.

La prorrata de este año es 13 puntos porcentuales mayor que la del año de adquisición. Como la diferencia es de más de 10 puntos porcentuales, procede un ajuste negativo (Arts. 107.Uno y 109.3.º LIVA). La regularización para cada uno de los elementos es:

$$\text{Máquina} = \frac{(0,67 - 0,8) * 640}{5} = \frac{-0,13 * 640}{5} - 16,64$$

$$\text{Nave} = \frac{(0,67 - 0,8) * 5.280}{10} = \frac{-0,13 * 5.280}{10} = -68,64$$

III. Año 2023:

P_{2023} = 75.000 / 107.000 * 100 ≈ 71%

La prorrata de este año es 4 puntos porcentuales mayor que la del año de adquisición. No procede la regularización.

IV. Año 2024:

P_{2024} = 70.000 / 127.000 * 100 ≈ 56%

La prorrata de este año es 11 puntos porcentuales menor que la del año de adquisición. Procede un ajuste que, en este caso, será positivo. La regularización para cada uno de los elementos es:

$$\text{Máquina} = \frac{0,11 * 640}{5} = 14,08$$

$$\text{Nave} = \frac{0,11 * 5.280}{10} = 58,08$$

V. Año 2025:

$P_{2025} = 100.000 / 120.000 * 100 \approx 84\%$

La prorrata de este año es 17 puntos porcentuales mayor que la del año de adquisición. Procede un ajuste que, en este caso, será negativo. Pero esto únicamente es válido para la nave, ya que la máquina se vende y su regularización se calcula de manera diferente. La regularización de la nave es:

$$\text{Nave} = \frac{-0,17 * 5.280}{10} = -89,76$$

En cambio, la máquina al venderse debe regularizarse según el art. 110 LIVA. La enajenación de la máquina es una operación sujeta y no exenta por lo que P* = 1. Es deducible al cumplir el límite de la cuota repercutida por la venta que ha sido de 210 €. Siendo 1 el número de años del periodo de regularización que quedan incluyendo el de la venta. Por lo tanto, la regularización de la máquina es:

$$\text{Máquina} = \frac{(0,67 \text{ -}1) * 640}{5} * 1 = \frac{-0,33 * 640}{5} * 1 = -42,24$$

VI. Año 2026:

$P_{2026} = 110.000 / 146.000 * 100 \approx 76\%$

La prorrata de este año es 9 puntos porcentuales mayor que la del año de adquisición. No procede la regularización este año para la nave.

Seguimos regularizando la nave puesto que, para los inmuebles y edificaciones, el periodo de regularización comprende los nueve años siguientes al de adquisición.

b) Si se vende la nave en el año 2026 a un particular no procede la renuncia a la exención del art. 20.Dos LIVA y, por tanto, la entrega estará exenta. La regularización en virtud del art. 110.uno LIVA de ese año es 1.768,80 €, al ser 5 el número de años del periodo de regularización que quedan, incluyendo el de la venta.

$$1.768,80 = \frac{(0,67\text{-}0) * 5.280}{10} * 5$$

Ejercicio 5. Operaciones interiores y exteriores. Liquidación

DROVA, S. A. es una empresa dedicada a la fabricación de cajas de madera para embalajes de todas clases. La sede social y su fábrica están situadas en Santoña (Cantabria).

Durante el primer trimestre, se han facturado las siguientes operaciones:

1) Ventas a empresas situadas en territorio peninsular español por 55.000 €.

2) Ha vendido a la empresa PORTIX, que está establecida en Pau (Francia), maderas por importe de 8.000 €. El NIF francés de PORTIX, a efectos del IVA, es FR-04362330821 y ha sido comunicado a la empresa española. La entrega ha sido realizada en Pau por DROVA, S. A.

3) Ha vendido embalajes a D. Mostapaulus, agricultor acogido al régimen especial de agricultura en Grecia (lo cual supone que sus adquisiciones intracomunitarias de bienes no están sujetas en ese país por un artículo similar al 14 de la legislación española). El importe de los embalajes usados vendidos ha sido de 1.803,04 € y han sido transportados por el propio agricultor. Esta ha sido la única operación intracomunitaria realizada por D. Mostapaulus en su vida.

4) Venta a una empresa Suiza de embalajes por valor de 7.000 € transportados a Suiza por DROVA, S. A.

5) Ha comprado madera a un empresario individual con sede efectiva en Rentería por 14.000 €.

6) Ha adquirido una furgoneta nueva, vehículo mixto utilizado para el transporte de mercancías de la empresa, a un concesionario alemán por 4.000 €. El transporte corre por cuenta del transmitente y está incluido en el precio anterior. DROVA, S. A. comunicó al concesionario su NIF/IVA.

7) Adquiere todos los activos de la empresa italiana LEGNO dedicada a la misma actividad que DROVA, S. A. Los activos consisten en varias máquinas y mobiliario de oficina que se transportan a Santoña. Paga por ellos 30.000 € y los va a emplear para desarrollar la actividad. DROVA, S. A. comunicó al vendedor su NIF/IVA.

8) Adquiere de la empresa japonesa NEKON una máquina cortadora de madera para instalarla en la fábrica. El valor de la máquina es de 35.000 €. Los derechos de importación son del 10% y los gastos de descarga en el puerto de Santander ascienden a 75 €. El DUA se presenta en la aduana de Santander el 3 de enero y los gravámenes correspondientes a esta operación se ingresan en dicha aduana el 15 de enero.

9) Contrata un servicio publicitario a una empresa francesa por 20.000 €.

Se pide:

Realizar la liquidación del primer trimestre de 2025.

(Aclaraciones: No ha solicitado su inscripción en el registro de devolución mensual por lo que presenta sus declaraciones trimestralmente. Todas las cantidades se expresan sin impuestos. Suponga que la normativa del resto de países de la Unión Europea es idéntica a la española).

SOLUCIÓN

Apartado	Tipo	Base Imponible	Tipo Gravamen	IVAr	IVAs	IVAspd
1	Sujeta	55.000,00	21%	11.550,00		
2	Exenta (1)					
3	Sujeta (2)	1.803,04	21%	378,64		
4	Exenta (3)					
5	Sujeta	14.000,00	21%		2.940,00	2.940,00
6	Sujeta (4)	4.000,00	21%	840,00	840,00	840,00
7	Exenta (5)					
8	Sujeta (6)	38.575,00	21%		8.100,75	8.100,75
9	Sujeta (7)	20.000,00	21%	4.200,00	4.200,00	4.200,00
Total				16.968,64		16.080,75

Notas explicativas:

(1) La entrega intracomunitaria de bienes a un empresario identificado a efectos de NIF en otro país miembro es una operación exenta, en virtud del art. 25.Uno.a LIVA. En Francia tributará como una adquisición intracomunitaria sujeta.

La única obligación por parte de DROVA es incluir esta operación en la «Declaración recapitulativa de operaciones intracomunitarias» (Modelo 349), regulada en los arts. 78-81 RIVA, que deberá presentar en los plazos establecidos en el artículo 81 RIVA.

(2) La adquisición intracomunitaria de este agricultor va a estar no sujeta en Grecia ya que el año pasado no realizó compra intracomunitaria alguna y este año no ha superado por este concepto el límite que fija cada país (los 10.000 € del art. 14.Dos LIVA). Su entrega, dado que el transporte corre por cuenta del adquirente, siempre estará sujeta y no exenta en España.

(3) Las exportaciones de bienes están exentas, art. 21 LIVA.

(4) Es una adquisición intracomunitaria por un empresario identificado en España a efectos de IVA. Esta adquisición está sujeta en virtud del art. 13.1.º LIVA y debe consignarse en la «Declaración recapitulativa de operaciones intracomunitarias».

Dado que la adquisición tributará en España deberá ser el adquirente quien la ingrese. Para ello incorporará la cuota que corresponda al resto de las cuotas repercutidas. Además, esa cuota desde el momento de su devengo podrá ser considerada soportada y deducible según los requisitos estudiados (art. 95.Tres.2.º.a LIVA), por lo que en la misma liquidación se considerará devengada y soportada.

El vehículo es un bien de inversión y, en virtud del art. 95.Tres, todo el IVA soportado es potencialmente deducible (se trata de un vehículo mixto utilizado en el transporte de carga).

(5) La adquisición intracomunitaria por un empresario que notifica su NIF está sujeta. Está exenta en virtud del art. 26.Uno LIVA, ya que, si esta entrega se hubiera realizado en España, hubiese

estado no sujeta por tratarse de la transmisión de patrimonio empresarial que constituye una unidad económica autónoma a favor de un empresario (art. 7.1.º LIVA).

(6) Importación sujeta y no exenta. Para las importaciones se considerará deducible el IVA soportado desde el momento en que se presente en la aduana el DUA, con independencia de cuándo se pague. BI = 35.000 + (0,1 * 35.000) + 75 = 38.575.

(7) Prestación de servicios. Se entiende realizada en España por el art. 69.Uno.1.º LIVA, está sujeta y no exenta. El obligado tributario es el adquirente (inversión del sujeto pasivo por art. 84.Uno.2.º.a LIVA) que se auto-repercutirá el IVA. Por lo tanto:

IVAr = 20.000 * 0,21 = 4.200 €.

Al ser un servicio intracomunitario deberá consignarse en la «Declaración recapitulativa de operaciones intracomunitarias».

IVAs = IVAspd = IVAsd = 4.200 €, al ser todas las operaciones con derecho a deducción (art. 92 LIVA).

IVAi/d = IVAr - IVAsd = 16.968,64 − 16.080,75 = 887,89 € a ingresar.

3.4. Cuestiones propuestas

Cuestión 1. Delimitación de empresario o profesional:

Diga si las siguientes personas tienen o no la consideración de empresarios o profesionales a efectos de IVA.

a) Una sociedad limitada.

b) Un particular que alquila un local comercial a un empresario para abrir un restaurante.

c) Una comunidad de vecinos que cede a una empresa de telecomunicaciones un espacio en la azotea del edificio con el fin de instalar en la misma unas antenas, a cambio de un alquiler anual.

d) Un ayuntamiento que tiene unas instalaciones deportivas en las que los ciudadanos practican diversos deportes, previo pago de los correspondientes precios públicos.

e) Una mujer jubilada que alquila su vehículo particular por 50 € al mes.

No olvide consultar, entre otros: art. 5 LIVA.

Cuestión 2. Sujeción

¿Están o no sujetas a IVA las siguientes operaciones?

a) Un empresario vende a otro el hotel que regentaba con motivo de su jubilación.

b) Un municipio presta el servicio de limpieza de las vías públicas, financiado con cargo al presupuesto municipal.

c) La dueña de una joyería regala un reloj de oro de los que vende habitualmente en la tienda adquirido hace un año valorado en 600 € a uno de sus empleados.

d) Una empresa bodeguera regala botellas de sidra, de un tamaño inferior al que habitualmente comercializa, que es resultado de un nuevo proceso en el tratamiento de la manzana, y donde aparece de manera clara su publicidad y la impresión: «Muestra Gratuita. Prohibida su venta». Su valor es de 0,30 €

e) Una empresa fabricante de telas entrega gratuitamente a sus vendedores unos muestrarios (confeccionados con retales de tela) valorados en 10,10 € y un albornoz con su publicidad bordada y valorado en 200 €.

No olvide consultar, entre otros: art. 7 LIVA.

Cuestión 3. Exención

¿Están o no exentas de IVA las siguientes operaciones?

a) Una sociedad española vende utensilios de cocina a una empresa italiana, a otra valenciana y a una tercera suiza. En los tres casos, los utensilios son enviados a los compradores por transporte terrestre desde Zaragoza.

b) Servicios de hospitalización y tratamiento en una clínica privada autorizada.

c) Un médico vende el mobiliario que utilizaba en su consulta desde hace 7 años.

d) Una aseguradora vende un seguro de enfermedad a un sujeto por una prima anual de 300 €.

e) Un traductor factura a una editorial 6.000 € por la traducción al español de una famosa obra literaria extranjera.

No olvide consultar, entre otros: arts. 20, 21, 22 y 25 LIVA.

Cuestión 4. Exenciones en operaciones inmobiliarias

Diga cómo tributan en el IVA las siguientes operaciones relacionadas con inmuebles:

a) El propietario de un terreno de uso agrícola lo arrienda a un agricultor.

b) Un particular alquila un piso a un grupo de estudiantes.

c) Un particular alquila un piso a un médico que lo va a utilizar simultáneamente para vivienda y para despacho profesional.

d) Una inmobiliaria vende un piso a un médico. Éste lo había usado en régimen de arrendamiento durante tres años.

No olvide consultar, entre otros: art. 20 LIVA.

Cuestión 5. Lugar de realización del hecho imponible

Determine dónde se localizan a efectos de IVA las siguientes operaciones:

a) Un asesor de inversiones alemán con despacho en Berlín presta servicios a la filial de un banco alemán situada en Barcelona.

b) Una empresa de *marketing* establecida en Marruecos organiza una campaña publicitaria para una empresa española situada en Huesca, por un importe de 40.000 €.

c) Un corredor de seguros con sede en Madrid asesora a una empresa belga con sede en Bruselas. ¿Y si el asesoramiento fuese realizado a un particular residente en Bélgica?

d) Un auditor, residente en Zaragoza, ha solicitado asesoría jurídica empresarial a una sociedad de EE. UU. para temas relacionados con sus clientes españoles.

No olvide consultar, entre otros: art. 69.Uno, art. 69.Dos.g y art. 84.uno.2.º LIVA.

Cuestión 6. Lugar de realización del hecho imponible

¿Qué diferencia hay en que una empresa sita en Teruel, ALEJANDRITA, S. A., compre en mayo por 160 € un libro de ornitología japonesa a una editorial japonesa en soporte físico o en soporte electrónico suponiendo, en caso de que proceda, nulo el arancel?

No olvide consultar, entre otros: arts. 18; 69.Uno.1.º; 69.Tres.4.º y 84.uno.2.º LIVA.

Cuestión 7. Lugar de realización del hecho imponible

Un joven madrileño con poco dinero y mucho tiempo libre está planteándose visitar a un amigo que está de Erasmus en Burdeos o a otro que está en Cádiz. El precio del billete de avión o tren a cada uno de los destinos es el mismo, 100 €, sin impuestos. ¿Cuál es la opción más barata si solo consideramos el IVA?

No olvide consultar, entre otros: arts. 22.Trece; 70.Uno.2.ªa y 91.Uno.2.1.º LIVA.

Cuestión 8. Operaciones internacionales

Indique cómo tributan en IVA las siguientes operaciones de comercio internacional, suponiendo que la legislación del resto de países es idéntica a la española:

a) Un dentista establecido en Mallorca adquiere mobiliario para su clínica a una empresa establecida en Holanda, por un importe de 10.000 €. En el año anterior no había realizado ninguna compra exterior.

b) Una empresa alemana, establecida en Hannover, vende un medio de transporte nuevo a un particular residente en Barcelona, por 20.000 €.

c) Una fundación aragonesa, que nunca antes había comprado en el extranjero, adquiere una máquina a un empresario danés por 2.000 €.

d) Una librería española vende a una familia residente en París unos libros por 2.000 €, siendo la única operación internacional que realiza.

No olvide consultar, entre otros: arts. 13.2.º; 14 y 91.Dos.2.º LIVA.

Cuestión 9. Devengo

¿Cuándo se produce el devengo en las siguientes operaciones?:

a) El día 10 de enero, Z, S. A. vende una bicicleta a Juan por 1.000 €, acordando la entrega al día siguiente. No obstante, ambas partes también acuerdan aplazar el pago del precio en 10 cuotas mensuales de 100 € cada una (pagaderas a partir del 1 de febrero del presente año).

b) La empresa inmobiliaria TASA vende a la empresa COTASA, en primera transmisión, un local comercial por 200.000 €. El contrato se efectúa el 13 de enero. Ese día se paga un adelanto de 50.000 €, un mes más tarde se adelanta la misma cantidad y el resto del pago del local se lleva a cabo a la entrega del mismo, el 27 de abril.

No olvide consultar, entre otros: art. 75.Uno y Dos LIVA.

Cuestión 10. Base imponible

Un empresario, con un volumen de operaciones superior a 6.010.121,04 €, tiene pendiente de cobro una deuda, de 1 de octubre del año pasado, de 1.000 € (210 € de IVA) que ha reclamado notarialmente. Sabiendo que cumple todos los requisitos de los arts. 80. Cuatro. Cinco LIVA y 24 RIVA, ¿qué puede hacer?

No olvides consultar, entre otros: art. 80.Cuatro LIVA

Cuestión 11. Base imponible

Calcular en cada caso la base imponible:

a) Un empresario dedicado a la venta de bebidas alcohólicas vende unas botellas de alcohol por 1.000 €, al que se le aplica un descuento por pronto pago y en efectivo del 5%. El impuesto especial que se exige por la venta de estos productos es de 60 €.

b) Un empresario dedicado al arrendamiento de locales de negocio cede gratuitamente un local a un amigo durante un mes, para que guarde algunos enseres. El valor de adquisición del inmueble cedido fue de 90.000 € (de los que el 50% corresponde al suelo y se amortiza un 2%).

c) Una fábrica transmite parte de una empresa que no constituye una unidad económica autónoma por 3.000.000 €. El patrimonio transmitido consta de:

   i. Un edificio cuyo valor de mercado asciende a 1.000.000 €.

   ii. Maquinaria valorada a precio de mercado en 900.000 €.

   iii. Mercancías valoradas a precio de mercado en 100.000 €.

No olvide consultar, entre otros: arts. 78. Uno. Dos. Tres; 79. Dos. Tres. Cuatro y 12 LIVA.

Cuestión 12. Tipo de gravamen

Determine cuál es el tipo de gravamen de las siguientes operaciones de promoción de viviendas de protección oficial de régimen especial:

a) Entrega de varias viviendas con garaje y trastero.

b) Al mes de comprar la casa uno de los propietarios adquiere un segundo garaje.

c) Arrendamiento con opción de compra de una vivienda con dos plazas de garaje.

d) Venta de un local comercial a uno de los compradores de las viviendas.

e) La empresa SUELOSA le entrega solares para construir viviendas.

No olvide consultar, entre otros: arts. 90 y 91 LIVA.

Cuestión 13. Cálculo de cuota en operaciones internacionales

La empresa aragonesa MUEBLESAMEDIDA, S. A. se dedica a la fabricación y venta de mobiliario, encargándose del transporte intracomunitario en todos los casos y cumpliendo las obligaciones formales y de facturación en todos los casos.

Suponga que los datos de un periodo de liquidación son:
1) Venta de mercancías en TAI: 1.200.000 €.
2) Venta de mercancías a empresarios de la Unión Europea: 800.000 €.
3) Venta de mercancías a particulares en Francia e Italia: 5.000 €.
4) Venta de mercancías a empresarios en EE. UU.: 300.000 €.
5) Compra de materiales a empresarios en TAI: 100.000 €.
6) Compra de materiales a empresarios de la Unión Europea: 60.000 €.
7) Compra de materiales a empresarios en EE. UU.: 130.000 €.

Indique cuál sería la liquidación del IVA para MUEBLESAMEDIDA, S. A.

Cuestión 14. Deducciones

¿Pueden los siguientes agentes deducir las cuotas soportadas en la compra de bienes relacionados con su actividad económica?:

a) Una entidad dedicada al arrendamiento de locales para oficinas.

b) Un banco.

c) Una empresa dedicada a la exportación de calzado.

d) Un centro oftalmológico que presta asistencia sanitaria y vende gafas y lentillas.

No olvide consultar, entre otros: art. 94 LIVA.

Cuestión 15. Deducciones

¿Es deducible el IVA soportado en las siguientes compras?:

a) Joyas adquiridas por una empresa de automóviles para premiar a sus mejores empleados.

b) Diamantes adquiridos por un joyero para encastrar en los anillos fabricados por él mismo y destinados a la venta al público.

c) Entradas de teatro adquiridas para repartir gratuitamente entre los empleados más antiguos.

d) Una oficina de abogados que compra diariamente bollería para el desayuno de los empleados.

No olvide consultar, entre otros: art. 96 LIVA.

Cuestión 16. Deducciones. Prorrata

Calcule la prorrata general aplicable y el resultado final de la liquidación en los casos siguientes, teniendo en cuenta que los datos reflejan el resumen anual de las operaciones y suponiendo que el tipo de IVA aplicable es el general (21%).

a) Ventas interiores exentas = 35.000 €; ventas interiores no exentas = 60.000 €; entregas intracomunitarias exentas = 10.000 €. Compras interiores = 50.000 €.

b) Ventas interiores no exentas = 80.000 €; ventas interiores exentas = 50.000 €; entregas intracomunitarias de bienes exentas = 10.000 €; exportaciones = 10.000 €. Ha vendido una máquina usada durante 5 años por valor de 3.000 €. Compras interiores = 45.000 €; AIB sujetas y no exentas = 30.000 €; importaciones no exentas = 10.000 €.

No olvide consultar, entre otros: arts. 102 a 106 LIVA.

Cuestión 17. Deducciones

Una empresa dedicada al alquiler de vehículos y que está en régimen general de IVA adquiere a un concesionario los siguientes vehículos en la Semana de las Ofertas, celebrada del 2 al 9 de enero de este año:

a) Un monovolumen por 10.000 € que se destina a arrendamiento y a ser utilizado sin contraprestación por el jefe de personal en sus escapadas vacacionales.

b) Un coche deportivo por 2.500 € y que se destina a ser utilizado por el gerente para todos sus desplazamientos hasta que le arreglen su coche habitual. Posteriormente, se procederá a su venta.

c) Un utilitario de gama media, que se adquiere por 1.000 € y se va a destinar al objeto de la actividad. A los nueve meses de adquirirlo, y en vista de que no se alquila, pasa a ser utilizado por los empleados en sus desplazamientos laborales y personales.

¿Se podrán deducir las cuotas de IVA soportadas en la adquisición de estos vehículos?

No olvide consultar, entre otros: arts. 95, 108, 12 y 20.Uno. 25.º LIVA.

3.5. Ejercicios propuestos

Ejercicio 1. Operaciones con derecho a deducción

El señor Flores se dedica al comercio mayorista de productos de línea blanca en Zaragoza. Durante el año ha realizado las siguientes operaciones:

1) Entrega de bienes a una sociedad en Francia: 300.000 €.
2) Ventas a distribuidores en Andalucía: 500.000 €.
3) Ventas a mayoristas en Extremadura: 400.000 €.
4) Ventas a distribuidores en Canarias: 500.000 €.
5) Ventas a sociedades minoristas en Mallorca: 400.000 €.

Para gestionar las ventas, el empresario realizó diversos desplazamientos por territorio peninsular español, soportando los siguientes gastos considerados deducibles en IRPF:

i. Combustible: 2.500 € para un vehículo mixto de transporte de mercancías de la empresa.

ii. Alojamiento: 3.000 €.

iii. Manutención: 5.000 €.

Las compras a empresarios residentes en territorio peninsular español de productos del ejercicio ascendieron a 1.500.000 €.

El señor Flores ha comprado al constructor por 300.000 € una vivienda en Zaragoza, a la que se ha trasladado inmediatamente a vivir con su familia.

Para decorar su despacho en la empresa, adquirió a una empresa de Zaragoza por 5.000 € una copia industrial de un cuadro famoso que contabilizó e inventarió adecuadamente.

Se pide:

Practicar la liquidación por el IVA, aplicando, si procede, la regla de prorrata.

Ejercicio 2. Prorrata general y especial

Una sociedad anónima aragonesa se dedica a la realización de negocios inmobiliarios en TAI. En este año ha realizado las siguientes operaciones:

1) Vende terrenos rústicos por 8 millones de euros a particulares.

2) Vende solares edificables por 12 millones de euros.

3) Vende, por 1 millón de euros, un edificio construido por la empresa 20 meses antes, destinado durante 10 meses a oficinas de la propia sociedad.

4) Compra solares edificables por 8 millones de euros a empresarios situados en TAI.

5) Compra terrenos rústicos por 3 millones de euros a empresarios situados en TAI.

6) Paga honorarios a una agencia de la propiedad inmobiliaria situada en TAI, por su intervención en las operaciones de venta:
  — de terrenos rústicos: 20.000 €.
  — de solares edificables: 30.000 €.
  — del edificio: 10.000 €.

7) Paga 20.000 € por el alquiler de sus nuevas oficinas a una empresa situada en TAI.

8) Paga el suministro de luz (potencia contratada superior a 10kw) y teléfono, por importe de 10.000 €.

9) Paga gastos de publicidad a una empresa situada en TAI, por importe de 5.000 €.

10) Satisface 20.000 €, en concepto de intereses de un préstamo financiero concedido por un banco situado en Zaragoza.

Se pide:

Practicar la liquidación del IVA, aplicando las reglas de prorrata general y especial, teniendo en cuenta que no se renuncia a la exención del art. 20.Dos LIVA. Ninguna de las cantidades anteriores incluye IVA y todas se concentran en el cuarto trimestre

Ejercicio 3. Regularización de deducciones de bienes de inversión

Una empresa aragonesa ha adquirido, por 100.000 €, una máquina para utilizarla conjuntamente en toda su actividad que ha entrado en funcionamiento en la empresa en ese mismo ejercicio. La vida útil de dicho bien es de ocho años.

El desglose de las operaciones realizadas por la sociedad durante ese año y los posteriores es el siguiente:

Año	Operaciones con derecho a deducción (OSNE)	Operaciones sin derecho a deducción (OSDD)	Total
1	1.000.000	300.000	1.300.000
2	1.200.000	100.000	1.300.000
3	950.000	250.000	1.200.000
4	800.000	450.000	1.250.000
5	900.000	300.000	1.200.000
6	1.300.000	100.000	1.400.000

Se pide:

Determinar la deducción a practicar por el bien de inversión adquirido y las regularizaciones pertinentes, en cada uno de los siguientes supuestos:

a) La máquina permanece en el patrimonio de la sociedad hasta el término de su vida útil.

b) La sociedad vende la máquina en el año 3, por 40.000 €. Resuélvalo si dicha transmisión está:

    1. Sujeta y no exenta.

    2. Exenta, sin otorgar el derecho a deducción.

c) La sociedad vende la máquina en el año 6, por 10.000 €. Dicha transmisión está:

    1. Sujeta y no exenta.

    2. Exenta, sin otorgar el derecho a deducción.

d) Resolver los supuestos b) y c) anteriores, suponiendo que el bien adquirido es un local comercial nuevo, con una vida útil de 40 años.

Ejercicio 4. Liquidación caso general

La empresa TORTAS, S. L., dedicada a la venta de alimentos, bebidas alcohólicas, tabaco y sellos con NIF/IVA, ESB52012150, presenta los siguientes datos en el cuarto trimestre:

1) Adquiere en noviembre a un mayorista francés, con NIF FRXX 345678222, una partida de quesos por 10.000 €.

2) Compra a distintos empresarios establecidos en el TAI los siguientes productos:

- sellos (por su valor facial): 30.000 €.
- cartones de tabaco: 15.000 €.
- productos alimenticios: 40.000 €.

3) Paga por gastos de luz (potencia contratada superior a 10kw) y teléfono: 1.300 € y 800 € respectivamente.

4) TORTAS, S. L. paga 2.000 € por una compra de papel para envolver a la empresa PLASTIQUE establecida en el TAI. Estos envoltorios de escaso valor se entregan gratuitamente y llevan impresa publicidad de la empresa TORTAS.

5) Entre sus ventas figuran las siguientes operaciones con particulares españoles:

- harina, quesos, huevos y leche: 25.000 €.
- tabaco: 25.000 €.
- sellos (por su valor facial): 40.000 €.
- bebidas alcohólicas: 18.000 €.
- otros productos alimenticios: 50.000 €.

6) Vende a particulares que están en Italia turrones españoles por 3.000 €. El transporte a Italia corre por cuenta de los adquirentes.

7) El año anterior adquirió una máquina registradora afecta a la actividad que le supuso un IVA soportado de 5.600 € y de la que ya se dedujo, en su liquidación de IVA del año pasado, 5.040 €.

8) Durante los trimestres anteriores, el IVAs ha sido nulo.

Se pide:

Realizar la liquidación de IVA correspondiente al cuarto trimestre, suponiendo que la distribución de sus ventas es idéntica a lo largo de todo el año.

(Aclaraciones: No ha solicitado su inscripción en el registro de devolución mensual por lo que presenta declaraciones trimestralmente. Todas las cantidades se expresan sin impuestos. Suponga que la normativa del resto de países de la Unión Europea es idéntica a la española).

4. IMPUESTO SOBRE SOCIEDADES

4.1. Regulación

Ley 27/2014, de 27 de noviembre, del Impuesto sobre Sociedades (LIS).

RD 634/2015, de 10 de julio, por el que se aprueba el Reglamento del Impuesto sobre Sociedades (RIS).

4.2. Esquema de liquidación

Resultado de la cuenta de pérdidas y ganancias del ejercicio (positivo o negativo)
± Correcciones por diferencias causadas por la normativa fiscal
= Base imponible antes de la reserva de capitalización y la compensación de bases imponibles negativas
- Reducción por reserva de capitalización (art. 25 LIS)
- Compensación de bases imponibles negativas de ejercicios anteriores
= Base imponible
± Reducción por reserva de nivelación ERD (art. 105 LIS)
= Base imponible tras la reserva de nivelación
* Tipo de gravamen (art. 29 LIS)
= CUOTA ÍNTEGRA
- Bonificaciones:
  - Bonificación por rentas obtenidas en Ceuta o Melilla (art. 33 LIS)
  - Bonificación por la prestación de servicios públicos locales (art. 34 LIS)
- Deducciones para evitar la doble imposición:
  - Deducción por doble imposición jurídica internacional (art. 31 LIS)
  - Deducción por doble imposición económica internacional: dividendos y participaciones en beneficios (art. 32 LIS)
= CUOTA ÍNTEGRA AJUSTADA POSITIVA
- Deducciones para incentivar la realización de determinadas actividades:
  - Deducción por actividades de I+D+i (art. 35 LIS)
  - Deducción por inversiones en producciones cinematográficas, series audiovisuales y espectáculos en vivo de artes escénicas y musicales (art. 36 LIS)
  - Deducción por creación de empleo con contratos por tiempo indefinido de apoyo a emprendedores del art 4 de la Ley 3/2012 (art. 37 LIS)

- Deducción por creación de empleo de trabajadores con discapacidad (art. 38 de la LIS)
  · Deducción por inversiones realizadas por las actividades portuarias (art. 38 bis)
- Deducción por contribuciones empresariales a sistemas de previsión social (art. 38 ter)
= CUOTA LÍQUIDA POSITIVA (posible cuota líquida mínima para algunos contribuyentes, art. 30 bis LIS)
- Deducciones de los pagos a cuenta:
  - Retenciones e ingresos a cuenta (art. 128 LIS)
  - Pagos fraccionados (art. 40 LIS)
= CUOTA DIFERENCIAL

4.3. Cuestiones resueltas

Cuestión 1. Delimitación de contribuyentes

Señalar si las siguientes entidades residentes son o no sujetos pasivos del IS (art. 7 LIS):

a) El Instituto de Educación Secundaria Tales de Mileto, que imparte enseñanza secundaria y bachillerato.

b) Una comunidad de vecinos que arrienda el piso, hasta hace un año ocupado por los porteros del edificio, a un particular.

c) Una empresa con domicilio social y sede de dirección efectiva en Alemania, constituida con arreglo a las leyes de ese país, cuyo objeto es la reparación de ascensores. Cuenta con una sucursal en Madrid para atender su negocio en España y Portugal.

d) Una diputación provincial que alquila varios inmuebles, sitos en la capital de la provincia, a distintos particulares.

e) Una sociedad civil que constituyen tres hermanos para la explotación de una fábrica maderera.

f) Una sociedad de inversión de capital variable participada mayoritariamente por un conocido industrial del sector textil.

g) Una cooperativa agraria de una afamada región vitivinícola.

h) Un partido político de ámbito nacional.

SOLUCIÓN

a) No. Los colegios públicos no tienen personalidad jurídica propia. El Estado o la Comunidad Autónoma a la que pertenecen son los que realmente la poseen. Los establecimientos económicos (por ejemplo, un colegio) de las que estas Administraciones Públicas son titulares gozan de exención plena (art. 9.1. LIS).

b) No. Es un tipo de comunidad de bienes (carece de personalidad jurídica) que no es sujeto pasivo ni del IRPF ni del IS. Las rentas obtenidas por los comuneros serán atribuidas a los mismos, siendo objeto de gravamen en el IRPF respectivo (régimen de atribución de rentas art. 6 LIS).

c) No. La empresa es residente en Alemania (art. 8 LIS) y tiene un establecimiento permanente en España (art. 13.1.a LIRNR). Los establecimientos permanentes carecen de personalidad jurídica propia y no son sujetos pasivos del IS. Se tributa en el Impuesto sobre la Renta de no Residentes (IRNR) por todas las rentas imputables al establecimiento permanente.

d) Sí. Una diputación provincial que realiza actividades de mercado es un sujeto pasivo del IS (art. 7 LIS) con exención plena de sus rentas obtenidas (art. 9.1.a LIS).

e) A partir de 2016 están excluidas del IS solo aquellas sociedades civiles que no tengan objeto mercantil (art. 7 LIS), por lo que la sociedad del enunciado, que desempeña una actividad económica, pasará a ser contribuyente de este impuesto

f) Sí. Una SICAV tiene personalidad jurídica, siendo su objeto social la inversión en activos financieros. Cuando obtenga rentas por esta actividad, la SICAV será sujeto pasivo del IS.

g) Sí. Por las mismas razones que en el apartado f) (requisitos de realización del hecho imponible y de existencia de personalidad jurídica propia), una cooperativa agrícola es sujeto pasivo del IS. Todo ello, sin perjuicio de tener una posible calificación de «fiscalmente protegida».

h) Sí. Una formación política, con personalidad jurídica propia, es sujeto pasivo del IS. No obstante, la Ley Orgánica 8/2007, sobre financiación de los partidos, establece un régimen fiscal particular para los mismos. Todo ello, sin perjuicio de que estén parcialmente exentos según el art. 9.4 LIS.

Cuestión 2. Identificación de exenciones totales y parciales. Tipo impositivo aplicable

Determinar si las rentas señaladas, obtenidas por las entidades que se refieren a continuación, gozan de algún tipo de exención en el IS y, en su caso, cuál es el tipo impositivo aplicable a las rentas sujetas y no exentas:

a) Una asociación juvenil sin ánimo de lucro que no reúne los requisitos para disfrutar, o no opta, por el régimen establecido en la Ley 49/2002, de régimen fiscal de las entidades sin fines lucrativos y de los incentivos fiscales al mecenazgo, pero sí cumple los del art. 9.3 LIS. Junto a la realización de las actividades derivadas de sus estatutos, explota una pequeña cantina, abierta al público general, para obtener fondos que permitan cubrir el presupuesto anual.

b) Un ayuntamiento, en uno de sus centros deportivos, obtiene ingresos regulares de un hostelero que explota el servicio de cafetería en régimen de concesión.

c) Una empresa americana cuenta con una filial (1) en España, en la que participa en el 60% de su capital. La citada filial, que fue constituida con arreglo a la normativa española, tiene su domicilio social en Barcelona, y desde allí gestiona el mercado español y portugués.

d) Si la filial anterior tuviera su sede en Bilbao, ¿qué cambiaría?

e) La SICAV mencionada en la cuestión 1.f) declara en sus cuentas anuales unos beneficios anuales de explotación de 10,3 millones de euros.

f) La sociedad cooperativa mencionada en la cuestión 1.g), que tiene la calificación de especialmente protegida a efectos fiscales, obtiene unos resultados de 30.000 €.

(1) De forma resumida, una filial es una entidad que está controlada por otra a la que normalmente nos referimos con el nombre de matriz. Si la matriz compra un porcentaje de sus acciones suficiente para tener el control de la filial, tendrá poder de decisión sobre esta última. Por lo tanto, matriz y filial son jurídicamente entidades distintas al tener cada una de ellas personalidad jurídica propia.

SOLUCIÓN

a) Las entidades parcialmente exentas (art. 9.3) aplican el régimen especial de los arts. 109-111 LIS. La exención no alcanza a los rendimientos derivados de explotaciones económicas (art. 110 LIS), como los obtenidos en una cantina.

El tipo de gravamen aplicable a la base imponible es el general del 25%. No obstante, para aquellos períodos impositivos que se inicien dentro del año 2025, este tipo general se sustituye, para las entidades cuyo importe neto de la cifra de negocios del período impositivo inmediato anterior sea inferior a 1 millón de euros (las denominadas 'microempresas'), por la siguiente escala, (art. 29.1 LIS y D.T. 44ª LIS):

-por la parte de base imponible comprendida entre 0 y 50.000€, se aplicará un tipo del 21%

-por la parte de base imponible restante, se aplicará un tipo del 22%

La anterior escala se aplicará siempre que, en principio, no se deba aplicar a la entidad un tipo diferente al general.

Y, por otra parte, si la entidad cumple con las previsiones del art. 101 LIS (es decir, que se considere una entidad de reducida dimensión), y no aplica la escala anterior, el tipo de gravamen será del 24% (salvo que deba tributar por un tipo diferente al general)[1].

b) Un ayuntamiento es una de las administraciones públicas que goza de exención subjetiva plena de las rentas obtenidas (art. 9.1.a LIS).

c) La filial de la empresa americana es una entidad con personalidad jurídica distinta a la de la sociedad matriz. Como ha sido constituida de acuerdo con la normativa española, y tiene su sede social y dirección efectiva en territorio español, será residente en España (art. 8.1 LIS) y, por lo tanto, sujeto pasivo del IS. En principio, el tipo de gravamen de esta filial será el 25%, con las consideraciones adicionales explicadas en la solución del apartado a) de esta cuestión referidas a los tipos de gravamen transitoriamente aplicables a las 'microempresas' y a las entidades de reducida dimensión (art 29.1 y D.T. 44ª LIS).

d) Si la filial tuviera su sede en Bilbao, sería residente en ese territorio foral y, por lo tanto, le sería de aplicación el régimen tributario de concierto, con una imposición sobre sociedades propia. De esta forma, los tipos impositivos pueden ser diferentes a los del resto del territorio nacional para la misma clase de entidades.

e) Las sociedades de inversión de capital variable reguladas por la Ley 35/2003, de Instituciones de Inversión Colectiva, tributan al tipo del 1% (art. 29.4 LIS).

f) Las sociedades cooperativas con calificación de fiscalmente protegidas (régimen regulado en el Título II, Capítulo II de la Ley 20/1990 sobre régimen fiscal de las cooperativas) por la parte de la base imponible constituida por los resultados cooperativos del período impositivo (enunciados en el art. 17 de la Ley 20/1990) tributan a los tipos de gravamen resultantes de minorar en tres puntos

---

[1] La D.T. 44ª LIS prevé un régimen transitorio en la aplicación del tipo de gravamen para las 'microempresas' y para las entidades de reducida dimensión para los ejercicios fiscales 2025 a 2028.

porcentuales aquellos previstos en el art 29.1 y la D.T. 44ª siempre que el tipo resultante no supere el 20 por ciento (art. 29.2 LIS)[2].

Por su parte, los denominados resultados extracooperativos (enunciados en el art. 21 de la Ley 20/1990) tributan a los tipos previstos en el art. 29.1 LIS (1).

(1)Si se trata de cajas rurales y cooperativas de crédito, y exclusivamente para sus resultados extracooperativos, el tipo aplicable es el 30% (art 29.2 LIS).

Cuestión 3. Compensación de bases imponibles negativas

Una sociedad constituida en 2006 incurrió en ese ejercicio en pérdidas, siendo su base imponible negativa de -200.000 €: Las bases imponibles de los ejercicios 2007-2021 fueron nulas. En el período 2022-2024, y en cada uno de esos ejercicios, la sociedad generó una base imponible positiva de 100.000 € y su cifra de negocios fue inferior a 5 millones de euros

Esta empresa no ha compensado, ni siquiera parcialmente, las pérdidas de 2006.

Se desea saber si puede hacerlo en 2025, sabiendo adicionalmente que a lo largo de este último ejercicio ha obtenido una base imponible positiva de 50.000€, y que no resulta de aplicación la reserva de capitalización.

SOLUCIÓN

La Ley 27/2014, en su art. 26, modifica de forma notable el régimen de compensación de bases imponibles negativas, al no establecer un límite temporal a esta.

Así, los sujetos pasivos del impuesto pueden compensar las bases imponibles negativas sin límite temporal (se ha de recordar que con la normativa anteriormente vigente el plazo de compensación era de un máximo de 18 años a partir de la aparición de la primera base imponible positiva desde la creación de la empresa).

Esta ampliación del plazo no sólo es aplicable a las bases imponibles negativas que se generen a partir de ahora, sino también a aquellas pendientes de compensar al inicio del ejercicio 2015 (D.T. 21ª de LIS). En cualquier caso, dado que con la

---

[2] A este respecto, se recuerda que para los ejercicios fiscales iniciados en 2025, los tipos generales de gravamen en principio vigentes son: un 25%, como tipo general propiamente dicho; una escala con tipos del 21% y 22% para las 'microempresas'; un 24% para las entidades de reducida dimensión; y un 15%, si se trata de una entidad de nueva creación (en el primer período impositivo en que la base imponible resulte positiva y en el siguiente).

legislación anterior sólo se podían compensar las bases imponibles negativas con las positivas producidas en los 18 años siguientes, en la práctica, eso significa que en el procedimiento recogido en el art. 26 LIS sólo cabe contemplar pérdidas generadas en ejercicios comenzados a partir del 1 de enero de 1997.

Por otra parte, el art. 26 LIS introduce una limitación general del 70% de la base imponible previa a la posible aplicación de la reducción prevista en el art. 25 LIS, admitiéndose, en todo caso, compensaciones en el ejercicio de bases imponibles negativas hasta el importe de 1 millón de euros.

Además, en su caso, se ha de tener en cuenta adicionalmente la D.A. 15ª LIS. Aquí se señala un conjunto de límites aplicables de forma específica a las grandes empresas (contribuyentes con una cifra de negocios de al menos 20 millones de euros durante los 12 meses anteriores a la fecha en que se inicie el período impositivo) en los períodos impositivos iniciados a partir del 1 de enero de 2024. En el caso que nos ocupa, la cifra de negocios alcanzada en 2024 no califica a la sociedad como una gran empresa, por lo que no hay que atender a los límites específicos del 50% y 25% de la base imponible previa que se mencionan en el apartado 1 de la mencionada disposición adicional.

Teniendo en cuenta todo lo anterior, la sociedad del enunciado podrá utilizar parte de las pérdidas generadas en 2006, pendientes y disponibles íntegramente para su compensación, según los requisitos establecidos por el mencionado art. 26 LIS.

Entre otros requisitos, se debe, en principio, respetar en la compensación el límite del 70% de la base imponible previa: 70% * 50.000 = 35.000€. Pero, a su vez, se puede disponer de un importe mínimo de compensación de bases imponibles negativas de un millón de euros, aun cuando se supere el citado límite del 70%.

De esta forma, al operar este último importe mínimo de compensación en el caso que nos ocupa, se puede hacer uso en el ejercicio 2025 de una minoración final de 50.000 euros provenientes de las pérdidas del ejercicio 2006, quedando todavía pendientes de compensación 150.000€ de estas pérdidas para los ejercicios iniciados a partir de 2026.

Cuestión 4. Retenciones

Calcular las distintas retenciones a cuenta del IS que se derivan de las operaciones descritas a continuación:

a) Una sociedad anónima arrienda un bajo de un edificio en Málaga a una sociedad colectiva que va a instalar allí un negocio de peluquería. El alquiler mensual se establece en 1.000 € más IVA.

b) El negocio de peluquería, mencionado en el apartado anterior, obtiene 80 € como rendimiento bruto de un depósito a plazo contratado con una sucursal de *Deutsche Bank,* Sociedad Anónima Española, ubicada en la misma ciudad donde se halla la peluquería, y filial de *Deutsche Bank AG,* con sede central en Alemania.

c) ¿Y si *Deutsche Bank AG* actuara en España no mediante una filial sino a través de un establecimiento permanente?

SOLUCIÓN

a) El art. 62 RIS establece que estarán obligados a retener las personas jurídicas que satisfagan determinadas rentas sujetas al impuesto, entre las que se encuentran las rentas procedentes de arrendamientos urbanos (art. 60.1.e RIS). Por lo tanto, la sociedad colectiva tendrá la obligación de retener sobre las contraprestaciones íntegras satisfechas en concepto de arrendamiento, sin incluir el IVA devengado en la operación (1).

Por otra parte, el art. 65 RIS establece que, con carácter general, las obligaciones de retener y de ingresar a cuenta nacerán en el momento de la exigibilidad de las rentas, dinerarias o en especie, sujetas a retención o ingreso a cuenta, respectivamente, o en el de su pago o entrega si es anterior.

Además, el porcentaje de retención con carácter general será del 19% [art. 66.a) RIS].

Con todo lo anterior, la base sobre la que se aplica la retención (art. 64.1 RIS) es de 1.000 € (no se incluye la cuota de IVA repercutido, que, en este caso, resultaría de aplicar su tipo general del 21% a 1.000 €).

El importe de la retención mensual, teniendo en cuenta la fecha de exigibilidad de los alquileres generados en 2025, será de: 1.000 * 0,19 = 190 €.

b) Siguiendo la misma argumentación del apartado anterior, *Deutsche Bank,* Sociedad Anónima Española, tendrá que practicar retención a cuenta del IS sobre la contraprestación abonada a la peluquería, ya que las rentas derivadas de la cesión a terceros de capitales propios es una de las rentas sujetas a retención mencionadas en el art. 60.1 RIS, y la filial española del banco es una persona jurídica residente en España (art. 62.1.a RIS).

El importe de la retención, teniendo en cuenta la fecha de exigibilidad de los intereses generados en 2025, será de: 80 * 0,19 = 15,2 €.

c) La respuesta sería la misma, pues el art. 62.1.c RIS establece que las entidades no residentes en territorio español que operen en el mismo mediante establecimiento permanente (como puede ser una sucursal bancaria) y abonen las rentas previstas en el art. 60.1 RIS serán sujetos obligados a retener cantidades a cuenta del pago del IS.

(1) Se ha de apuntar que suponemos que esta operación no se halla dentro de las excepciones a la obligación de retener recogidas en el art. 61.i RIS.

Cuestión 5. Pagos fraccionados

Calcular los pagos fraccionados que deberá llevar a cabo durante el ejercicio actual PRIMOR, S. A. si se presentan los siguientes casos alternativos:

a) PRIMOR, S. A. cuenta en el ejercicio corriente con las siguientes bases imponibles acumuladas:

Fecha	Base imponible (IS) acumulada
Hasta el 31.03.25	250.000 €
Hasta el 30.09.25	800.000 €
Hasta el 30.11.25	1.000.000 €

Además, sabemos que la empresa tuvo en 2024 una cifra de negocios de 8 millones de euros, coincidente ese año con su volumen de operaciones.

b) Si la empresa hubiera obtenido diversos rendimientos del capital mobiliario por los que se le hubieran retenido, en cada mes del ejercicio, 300 €, ¿cómo afectaría este hecho a la respuesta anterior?

SOLUCIÓN

a) Los sujetos pasivos del IS tienen la obligación de efectuar un pago fraccionado a cuenta de la liquidación del impuesto correspondiente al período impositivo que esté en curso el día primero de los meses de abril, octubre y diciembre (art. 40.1 LIS). Como el volumen de operaciones de PRIMOR, S. A. ha superado los 6.000.000 € durante los doce meses anteriores al ejercicio actual, tiene obligación de calcular los pagos fraccionados según el art. 40.3 LIS.

En el caso de que la cifra de negocios en 2024 hubiera alcanzado los 10 millones de euros, adicionalmente, habría que haber tenido en cuenta la D.A. 14ª LIS que, en la práctica, exige unas cantidades por pagos anticipados notablemente superiores a estas empresas de mayor tamaño (y que incluso exige un pago mínimo en concepto de estos pagos fraccionados; esta cuantía mínima se calcula aplicando un porcentaje del 23% -o del 25% si el tipo de gravamen correspondiente a la entidad es el 30%- al resultado contable acumulado hasta la fecha de inicio del plazo de cada uno de los pagos fraccionados). Atendiendo a los datos de la empresa del ejercicio 2024, PRIMOR. S.A. no se encuentra en el ámbito de esta disposición, por lo que, en adelante, aplicaremos el régimen de pagos anticipados recogido exclusivamente en el texto del art. 40.3 LIS.

Con todo lo anterior, el cálculo de cada uno de los pagos fraccionados se lleva a cabo partiendo de la base imponible del ejercicio corriente acumulada hasta la fecha de inicio del plazo de cada uno de los pagos fraccionados.

Fecha	BI acumulada	Pago fraccionado (PF)	Base del PF	Tipo aplicable PF (1)	Cuantía PF (2)
Hasta el 31.03.25	250.000 €	1.º PF (1-20 abril)	250.000 €	17%	42.500 €
Hasta el 30.09.25	800.000 €	2.º PF (1-20 octubre)	800.000 €	17%	136.000 €
		2.º PF ingresado			93.500 €
Hasta el 30.11.25	1.000.000 €	3.º PF (1-20 diciembre)	1.000.000 €	17%	170.000 €
		3.º PF ingresado			34.000 €

Notas explicativas:

(1) Por su cifra de negocios de 2024 (inferior a 10 millones de euros, pero superior a 1 millón de euros), el tipo de gravamen que corresponde a esta entidad es el 24% (art. 29.1 LIS y D.T. 44ª). Los tipos aplicables a la base imponible acumulada, teniendo en cuenta la escala vigente de tipos de gravamen son:

$5/7 * t_{IS} = 5/7 * 25\% = 17,14\% = 17\%$ (redondeo por defecto).

Los cálculos anteriores se han efectuado teniendo en cuenta adicionalmente que el art. 40.3 de la LIS señala que, para esta modalidad, el porcentaje aplicable a la base imponible acumulada será el resultado de multiplicar por cinco séptimos el tipo de gravamen correspondiente redondeado por defecto. Por su cifra de negocios de 2023, el tipo de gravamen que corresponde a esta entidad es el 25%, y no el 23% (art 29.1 LIS).

(2) Para el cálculo de cada uno de los pagos fraccionados, se ha practicado una deducción de todos los anteriores (art. 40.3 LIS):

1.º PF = 0,17 * 250.000 = 42.500 €.
2.º PF = (0,17 * 800.000) – 42.500 = 93.500 €.
3.º PF = (0,17 * 1.000.000) – 42.500 – 93.500 = 34.000 €.

b) Para calcular el pago fraccionado resultante de la aplicación de esta modalidad, de la cuota resultante se deducen las retenciones soportadas y los pagos fraccionados realizados con anterioridad correspondientes al mismo período impositivo (art. 40.3 LIS).

El siguiente cuadro recoge los pagos fraccionados en esta nueva situación.

Hasta	BI acumulada	Retenciones acumuladas	PF	Base del PF	Tipo aplicable PF	Cuantía PF (1)
31.03.25	250.000	900 €	1.º PF	250.000	17%	41.600

| 30.09.25 | 800.000 | 2.700 € | 2.º PF | 800.000 | 17% | 91.700 |
| 30.11.25 | 1.000.000 | 3.300 € | 3.º PF | 1.000.000 | 17% | 33.400 |

Notas explicativas:
(1) Los pagos fraccionados son los resultantes de hacer los cálculos siguientes:
1.º PF = (0,17 * 250.000) – 900 = 41.600 €.
2.º PF = (0,17 * 800.000) – 41.600 – 2.700 (retenciones acumuladas en los tres primeros trimestres: 300 * 9 = 2.700) = 91.700 €.
3.º PF = (0,17 * 1.000.000) – 41.600 – 91.700 – 3.300 (las retenciones sobre los rendimientos del capital mobiliario en los primeros once meses ascenderán a: 300 * 11 = 3.300 €) = 33.400 €.

Cuestión 6. Empresas de reducida dimensión (ERD): aplicación de la minoración de la base imponible derivada de la dotación de la reserva de nivelación (art. 105 LIS).

De EMPEINE, S. A., empresa de artes gráficas, y ERD a efectos del IS, se conocen los siguientes datos de sus bases imponibles del impuesto (su ejercicio económico coincide con el año natural), generadas a partir de 2024:

Ejercicio	BI (€)
2025	10.000
2026	15.000
2027	–2.000
2028	0
2029	0
2030	0
2031	4.000

Si la entidad, que no tiene condición de 'microempresa', mantiene su condición de ERD para todo el período 2025-2031, y decide aplicar el incentivo fiscal previsto en el art. 105 LIS (pues cumple con los requisitos exigidos en este) en cada uno de los períodos impositivos recogidos en la tabla, ¿en qué cantidades se minorará o aumentará la base imponible de esta empresa durante los años 2025-2031 a causa de la mencionada aplicación?

SOLUCIÓN

Tal y como se señala en el Preámbulo de la Ley 27/2014 con la denominada reserva de nivelación (art. 105 LIS) se ha pretendido introducir un nuevo incentivo fiscal para las ERD que, en la práctica, rebaja su tipo impositivo al 21,6% (recordemos que, para los ejercicios fiscales iniciados a partir del 1 de enero de

2025, el tipo de gravamen que le corresponda a una entidad de reducida dimensión que no sea 'microempresa' es, en principio, del 24%), aplicando, como técnica tributaria, una compensación anticipada de bases imponibles negativas. De forma más precisa, el art. 105.1 LIS señala la posibilidad de que las ERD minoren sus bases imponibles positivas hasta el 10 por ciento de su importe, con un límite máximo de 1 millón de euros anuales.

El precepto parte del supuesto de que las mencionadas bases imponibles negativas se van a producir en el plazo de 5 años.

A medida que el contribuyente obtenga bases imponibles negativas, y hasta alcanzar su importe, las cantidades que hayan previamente reducido la base imponible en un ejercicio se integrarán en las correspondientes a los períodos impositivos que concluyan en los 5 años siguientes.

En el caso de que en ese plazo de 5 años no se obtengan bases imponibles negativas o no alcancen la cuantía suficiente para compensar la minoración efectuada, la cantidad pendiente de adicionar se integrará en la base imponible del período impositivo en el que se cumpla el mencionado plazo (5 años siguientes).

El art. 105 LIS también dispone que el contribuyente que aplique esta minoración tendrá que dotar simultáneamente una reserva indisponible equivalente a la cuantía reducida en la base imponible. La indisponibilidad de la reserva (en todo, o en una parte) acabará cuando se produzca la adición (en todo, o en la misma parte) en un ejercicio posterior de la cantidad minorada.

De esta forma, veamos cómo se produce la aplicación de este beneficio fiscal en el contexto de la cuestión enunciada.

Ejercicio 2025	
Base imponible:	10.000 €
Minoración (art. 105 LIS):	1.000 €
Base imponible definitiva:	9.000 €

Se exigirá la dotación de una reserva indisponible, con cargo a los resultados positivos del ejercicio, del mismo importe que la minoración, es decir, 1.000 €.

Ejercicio 2026	
Base imponible:	15.000 €
Minoración (art. 105 LIS):	1.500 €
Base imponible definitiva:	13.500 €

Se exigirá la dotación de una reserva indisponible, con cargo a los resultados positivos del ejercicio, del mismo importe que la minoración, es decir, 1.500 €.

Ejercicio 2027	
Base imponible:	−2.000 €
Adición de la minoración de la base imponible aplicada en 2025 y parte de la de 2026 (art. 105 LIS):	1.000 € + 1.000 € = 2.000 €
Base imponible definitiva:	0 €

Al tener en 2027 una base imponible negativa, debemos integrar en la misma las cantidades previamente minoradas tanto en 2025 como en 2026. No obstante, de este último ejercicio, solo podemos integrar 1.000 de los 1.500 € minorados por insuficiencia de las bases imponibles negativas generadas en 2027. Es decir, todavía quedan 500 € del ejercicio de 2026 para posibles compensaciones por pérdidas en el período 2028-2031.

Por otra parte, existe la posibilidad de minorar la reserva de nivelación, en concreto, en 2.000 €, cantidad que coincide con el aumento de la base imponible de este año por integración de las minoraciones de 2025 y 2026.

Ejercicios 2028, 2029 y 2030: Al ser nulas las bases imponibles de estos tres ejercicios, no cabe la aplicación ni de minoraciones ni de integraciones a las mismas derivadas del art. 105 LIS.

Ejercicio 2031	
Base imponible:	4.000 €
Minoración (art. 105 LIS):	400 €
Adición de la parte pendiente de la minoración de la base imponible aplicada en 2026 (art. 105 LIS):	500 €
Base imponible definitiva:	4.000 € − 400 € + 500 € = 4.100 €

En este ejercicio, en primer lugar, cabe una minoración de 400 € en la base imponible, coincidente con el 10% de esta, pero, por otra parte, se deben integrar de forma obligatoria 500 €, que es la cantidad minorada en 2026 que no ha podido compensarse posteriormente. La obligatoriedad reside en el hecho de que en 2031 se cumple el plazo mencionado de integración a lo largo de los 5 años inmediatos y sucesivos al de aplicación del beneficio fiscal.

Finalmente, se exigirá la dotación de una reserva indisponible, con cargo a los resultados positivos del ejercicio, del mismo importe que la minoración, es decir, 400 €. La integración (y la disponibilidad asociada) de esta cantidad abarca un nuevo plazo de 5 años inmediatos y sucesivos, es decir, el período entre 2032 y 2036.

4.4. Ejercicios resueltos

Ejercicio 1. Correcciones al resultado de la cuenta de pérdidas y ganancias

CLUECA, S. A., que no es empresa de reducida dimensión, obtiene un resultado contable de 80.000 €, manifestándose las siguientes incidencias relativas a su contabilidad:

1) Se ha amortizado una máquina por 500 € más de lo autorizado legalmente en las tablas oficialmente aprobadas (contenidas en el art. 12.1 LIS), sin que se corresponda con la depreciación de ningún ejercicio anterior. La amortización máxima permitida en tablas es de 2.000 €.

2) No se ha amortizado una máquina adquirida el 1 de julio y que, al cierre del ejercicio, no está en condiciones de entrar en funcionamiento.

3) Se ha amortizado un vehículo por 200 € menos de lo que correspondería según el coeficiente mínimo permitido en tablas. Suponga que el mínimo permitido en tablas es de 1.000 €.

4) Se ha amortizado un bien afecto por 600 €, que es el resultado de aplicar un porcentaje de amortización que está entre el máximo y el mínimo permitido en las tablas oficialmente aprobadas.

5) Se ha amortizado un mueble de oficina, comprado al comienzo del ejercicio por un precio de 250€, según el coeficiente máximo de las tablas oficiales.

Se pide:

Determinar qué ajustes habrá que hacer al resultado contable para calcular la base imponible del Impuesto sobre Sociedades de Clueca, S. A.

SOLUCIÓN

Se hacen correcciones o ajustes extracontables al resultado de la cuenta de pérdidas y ganancias cuando se advierten discrepancias en la calificación, en la valoración o en la imputación temporal de ingresos y gastos.

Resultado contable	80.000
Exceso de amortización (1)	500
Amortización de máquina que no ha entrado en funcionamiento (2)	
Amortización inferior al mínimo según tablas (3)	
Amortización a un coeficiente intermedio de las tablas (4)	
Amortización libre del mueble de oficina (5)	−225
Base imponible	80.275

Notas explicativas:

(1) El exceso de amortización sobre el máximo permitido en tablas no es deducible (art. 11.3 y 12.1 LIS), por lo que habrá que hacer un ajuste extracontable o corrección positiva para determinar la base imponible: +500 €.

(2) La amortización se empieza a dotar cuando el bien entra en funcionamiento. Fiscalmente no es deducible ninguna amortización que no esté oportunamente contabilizada (art. 11.3 LIS). No hay que ajustar el resultado.

(3) Aunque fiscalmente es deducible la cantidad que en concepto de amortización corresponda a la depreciación efectiva por aplicación de los coeficientes de las tablas oficialmente aprobadas (art. 12.1 LIS), un gasto no es deducible mientras no esté contabilizado (art. 11.3 LIS), por lo que no se haría ajuste alguno.

(4) Será fiscalmente deducible lo que se haya amortizado contablemente y respete los límites permitidos en tablas (arts. 12.1 y 11.3 LIS). No se haría ajuste.

(5) La sociedad, contablemente, ha aplicado el valor máximo de amortización permitido para el mobiliario, atendiendo a las tablas oficiales (art. 12.1 LIS). Es decir, 10% * 250 = 25 €.

Pero existe un incentivo fiscal contenido en el art. 12.3 LIS que permite amortizar libremente los bienes de escaso valor, que para el legislador son los elementos del inmovilizado material nuevo cuyo valor unitario no exceda de 300 € (hasta el límite de 25.000 € anuales). Si suponemos que se quiere aprovechar este incentivo fiscal, habrá que hacer un ajuste negativo por diferencia entre la amortización contable y la fiscal: 25 – 250 = –225 €.

Ejercicio 2. Correcciones al resultado de la cuenta de pérdidas y ganancias

AJUSTING, S. A., que no es empresa de reducida dimensión, obtiene este ejercicio un resultado de la cuenta de pérdidas y ganancias de 100.000 €, manifestándose las siguientes incidencias contables:

1) El gasto contabilizado en concepto de IS es de 20.000 €.

2) No se ha amortizado contablemente, por olvido, el mobiliario de oficina que adquirió hace 3 años. La amortización tenía que haber sido de 1.300 €.

3) Las pérdidas por deterioro contabilizadas en este ejercicio, que no cumplen los requisitos fiscales para su deducibilidad por estar adeudadas por una entidad de derecho público, ascienden a 400 €.

4) Se contabilizó en el ejercicio anterior la nómina del gerente de la empresa correspondiente a enero de este año, por importe de 42.000 €.

5) Las inversiones del ejercicio en elementos de inmovilizado no inmobiliario afectos a actividades de I+D ascienden a 5.000 €. La amortización contable asciende a 600 €. Fiscalmente se va a amortizar lo más rápidamente posible.

6) Este ejercicio se amortizan contablemente 100 € por un elemento que fue amortizado en su totalidad a efectos fiscales en un ejercicio anterior, en virtud de las normas sobre libertad de amortización.

Se pide:

Determinar qué ajustes habrá que hacer al resultado contable para calcular la base imponible del Impuesto sobre Sociedades de la sociedad AJUSTING en este ejercicio.

SOLUCIÓN

Resultado de la cuenta de pérdidas y ganancias	100.000
IS contabilizado (1)	20.000
Amortización del mobiliario de oficina (2)	
Pérdida por deterioro de créditos no deducibles (3)	400
Nómina de este ejercicio contabilizada el ejercicio anterior (4)	–42.000
Libertad de amortización (5)	–4.400
Reversión de la libertad de amortización aplicada el ejercicio anterior (6)	100
Base imponible	74.100

Notas explicativas:

Se hacen correcciones o ajustes extracontables al resultado de la cuenta de pérdidas y ganancias cuando se advierten discrepancias en la calificación, en la valoración o en la imputación temporal de ingresos y gastos.

(1) Se produce una discrepancia en la calificación: el Impuesto sobre Sociedades es gasto contable pero no gasto fiscal (art. 15.b LIS), por lo que habrá que hacer un ajuste extracontable positivo para determinar la base imponible.

(2) Con respecto a la amortización del mobiliario de oficina, no se produce ninguna discrepancia ya que un gasto no contabilizado no es un gasto fiscalmente deducible (art. 11.3 LIS). No hay que hacer, por lo tanto, ningún ajuste.

(3) Con respecto a esta partida, se produce una discrepancia en la calificación. Esta pérdida por deterioro de créditos que se ha contabilizado, al corresponder a un crédito adeudado por una entidad de derecho público y no ser objeto de procedimiento arbitral o judicial que discuta su existencia o cuantía, no es gasto fiscal (art. 13.1 LIS), por lo que habrá que hacer un ajuste extracontable positivo.

(4) Se trata de un gasto (una nómina) que se contabilizó en el año anterior, pero que es gasto fiscal en este año. Es decir, según el art. 11.3 LIS, será gasto fiscalmente deducible este año. Para que esté como gasto fiscal en la base imponible de este ejercicio habrá que efectuar un ajuste extracontable negativo. Del mismo modo, en el año anterior, se tuvo que realizar un ajuste positivo, pues no era un gasto fiscalmente deducible ese ejercicio.

(5) Los elementos de inmovilizado no inmobiliario afectos a I+D pueden amortizarse libremente (art. 12.3.b LIS). Se trata de una excepción al principio de inscripción contable del art. 11.3 LIS. Por lo tanto, en el presente ejercicio, en la declaración del IS se aplica una amortización total de las inversiones en I+D, ya que el enunciado nos dice que se ha decidido aplicar el método de máxima celeridad. Ello supone hacer un ajuste extracontable negativo por la diferencia entre el valor amortizado contable (600 €) y fiscalmente (5.000 €).

(6) Este año revierte la libertad de amortización que se aplicó en un ejercicio anterior. Contablemente hay un gasto en concepto de amortización que debe incrementar la base imponible puesto que ya se dedujo fiscalmente en un ejercicio anterior. En consecuencia, hay que realizar un ajuste extracontable positivo.

Ejercicio 3. Correcciones al resultado de la cuenta de pérdidas y ganancias

AJÚSTAME, S. A. ha obtenido este año un resultado de la cuenta de pérdidas y ganancias de 15.958.684 €. La cifra de negocios del año anterior fue de 60.000.000 € y la de este año de 41.000.000 €. Con respecto a este año, facilita la siguiente información:

1) La cuota del IS contabilizada es de 8.622.948,36 €.

2) Entre los activos se encuentran afectos exclusivamente al Departamento de investigación y desarrollo de nuevos productos los siguientes:

– Un almacén que costó 11.000.000 € (de los que 1.000.000 corresponden al suelo), el 1 de enero del año pasado. La empresa viene usándolo desde el momento de su adquisición. La amortización contable se realiza linealmente según un coeficiente de un 7%, aunque fiscalmente decidió amortizarlo lo más rápidamente posible.

– Un equipo de laboratorio que fue puesto a su disposición y entró en funcionamiento el 1 de enero de hace tres años y que costó 5.500.000 €. Fiscalmente se amortizó el año de adquisición, puesto que se acogieron a la libertad de amortización del art. 12.3.b LIS. Por el contrario, en los libros contables consta, a 31 de diciembre, una amortización acumulada de esta máquina de 3.080.000 € (se amortiza linealmente). Se vende, el 31 de diciembre de este año, por 4.000.000 €.

3) Dentro de los gastos, figura una partida de 400.000 € correspondiente a atenciones con clientes y proveedores.

4) Ha contabilizado como gasto una multa de tráfico de 500 €.

5) Entre sus gastos ha contabilizado unos recargos por haber liquidado de forma extemporánea sin requerimiento previo a la Seguridad Social la cantidad de 1.000 €.

6) Hace 9 años obtuvo una base imponible negativa de 3.000.000 € de los que quedan pendientes de compensación 500.000 €.

Se pide:

a) Calcular la Cuota íntegra del Impuesto de Sociedades de este ejercicio.

b) Supongamos ahora que la empresa ha incrementado en 2.500.000 € el volumen de sus fondos propios computables al objeto de la aplicación de la reducción asociada a la reserva de capitalización. Se sabe, además, que la empresa cumple todos los requisitos, en los términos establecidos en el art. 25 LIS, para practicar dicha reducción y que no ha tenido incremento alguno en su plantilla media de empleados. ¿Cuál sería la base imponible previa a la aplicación de la reserva de capitalización y antes de compensación de bases imponibles? ¿Cuál sería la cuota íntegra?

SOLUCIÓN:

a) Calcular la Cuota íntegra del Impuesto de Sociedades de este ejercicio

Beneficio contable	15.958.684,00
IS contabilizado (1)	8.622.948,36
Amortización acelerada del edificio afecto a I+D (2)	−300.000,00
Reversión de la libertad de amortización del equipo laboratorio afecto I+D (3)	770.000,00
Ajuste por venta de equipo amortizado libremente (4)	2.420.000,00
Gastos de atenciones a clientes (5)	-
Multa de tráfico (6)	500,00
Recargo por declaración extemporánea (6)	1.000,00
Base imponible previa a la aplicación de la reserva de capitalización y antes de compensación	27.473.132,36
Reducción por reserva de capitalización	
Bases imponibles negativas de ejercicios anteriores (7)	−500.000,00
Base imponible	26.973.132,36
Cuota íntegra (8)	6.743.283,09

Notas explicativas:

La empresa está en el régimen general del IS, puesto que su cifra de negocios en el ejercicio anterior fue de, al menos, 10 millones de euros (art. 101 LIS).

(1) No se considera gasto deducible, entre otros, la cuota del Impuesto de Sociedades (art. 15.b LIS), por lo que se realizará una corrección extracontable positiva de 8.622.948,36 €.

(2) Aunque la regla general establece que no son deducibles los gastos no contabilizados, reconoce como una excepción lo establecido para los elementos que puedan amortizarse libremente (art. 11.3 LIS).

Los edificios afectos a I+D no pueden acogerse a la libertad de amortización, aunque se permite la amortización por partes iguales durante un período de diez años, lo que viene a suponer en una amortización acelerada. Art. 12.3.b LIS.

El cuadro de ajustes extracontables a realizar por este edificio es el siguiente:

Año	Amortización contable	Amortización fiscal	Ajuste temporal
2024	700.000	1.000.000	−300.000
2025	700.000	1.000.000	−300.000
2026	700.000	1.000.000	−300.000
2027	700.000	1.000.000	−300.000
2028	700.000	1.000.000	−300.000
2029	700.000	1.000.000	−300.000
2030	700.000	1.000.000	−300.000
2031	700.000	1.000.000	−300.000
2032	700.000	1.000.000	−300.000
2033	700.000	1.000.000	−300.000
2034	700.000		700.000

2035	700.000	700.000
2036	700.000	700.000
2037	700.000	700.000
2038	200.000	200.000
Total	10.000.000	10.000.000	0

Así, en este ejercicio hay que considerar un ajuste extracontable o corrección negativa de 300.000 €.

(3) El equipo de laboratorio se acogió a libertad de amortización fiscal y se amortizó completamente el año de la compra, hace tres años.

Contablemente se han amortizado 3.080.000 € en 4 años, por lo que la amortización contable anual ha sido de 770.000 €, que equivale a la aplicación de un coeficiente del 14% anual, ya que 770.000 / 5.500.000 = 14%. Este porcentaje cumple los límites legales fijados en las tablas de amortización (15% y 14 años).

El cuadro de ajustes extracontables a realizar por este equipo de laboratorio, si no se vende, es:

Año	Amortización contable	Amortización fiscal	Ajuste temporal	Amortización acumulada contable
2022	770.000	5.500.000	–4.730.000	770.000
2023	770.000	0	770.000	1.540.000
2024	770.000	0	770.000	2.310.000
2025	770.000	0	770.000	3.080.000
2026	770.000	0	770.000	3.850.000
2027	770.000	0	770.000	4.620.000
2028	770.000	0	770.000	5.390.000
2029	110.000	0	110.000	5.500.000
Total	5.500.000	5.500.000	0	5.500.000
Total 2026/29			2.420.000 €	

Este ejercicio debe realizarse un ajuste extracontable temporal positivo de 770.000 € en concepto de reversión de la libertad de amortización que se aplicó el año de la compra, dado que se contabiliza como gasto la amortización correspondiente (770.000 €), cuando dicha cuantía ya se amortizó fiscalmente de forma anticipada.

(4) Como este bien se vende a final de año, y el párrafo final del art. 12 LIS señala que las cantidades aplicadas a la libertad de amortización minorarán, a efectos fiscales, el valor de los elementos amortizados, se debe realizar en el momento de la venta un ajuste extracontable por la diferencia entre las amortizaciones acumuladas fiscal y contablemente 5.500.000 – 3.080.000 = 2.420.000 €. Dicho de otra forma, en el momento de la transmisión se ajustan las cantidades aplicadas a la libertad de amortización pendientes de reversión (art. 12.3 LIS), es decir, la diferencia entre la amortización contable y la fiscal a realizar cada uno de los restantes años. En consecuencia, el ajuste extracontable temporal por venta del bien que ha disfrutado de libertad de amortización + 2.420.000 €.

También podría verse por la diferencia entre el beneficio contable y el fiscal correspondiente a la venta del equipo de laboratorio.

La venta habrá dado lugar contablemente a un beneficio extraordinario de 1.580.000 €, ya que:

Valor de enajenación = 4.000.000 €.

Valor neto contable = 5.500.000 – 3.080.000 = 2.420.000 €.

Mientras que fiscalmente el valor neto del equipo es 5.500.000 – 5.500.000 = 0 €, por lo que el beneficio fiscal que debe declararse es de 4.000.000 € (Valor de enajenación –valor fiscal del bien).

(5) No son deducibles las liberalidades. Los 400.000 € de gastos por atenciones a clientes son deducibles siempre que no superen el 1% del importe neto de la cifra de negocios del período impositivo. En nuestro caso, 1% * 41.000.000 € = 410.000 €, por lo tanto, estas cantidades son finalmente deducibles y no hay que realizar ningún ajuste (art. 15.e LIS).

(6) No son deducibles las multas, sanciones y ciertos recargos, por ejemplo, el aplicado por declaración extemporánea (art. 15.c LIS).

Ajuste permanente por gastos no deducibles = 1.000 + 500 = 1.500 €.

(7) Las bases imponibles negativas se pueden compensar con las rentas positivas de los períodos impositivos siguientes, con el límite del 25% de la BI previa a la aplicación de la reducción de la reserva de capitalización, ya que la cifra de negocios del ejercicio anterior fue de 60.000.000 €. Pudiéndose en todo caso compensar hasta un millón de € (art. 26 LIS y D.A. 15.1 LIS).

La base imponible negativa pendiente de 500.000 € respeta lo anterior (25% * 27.473.132,36 = 6.868.283,09 €) por lo que se puede aplicar la compensación en su totalidad.

(8) Dada la cifra de negocios de AJÚSTAME, S.A., del año anterior, el tipo impositivo aplicable es el 25% (art 29.1 y D.T. 44ª). Por tanto, la cuota íntegra de la empresa será de: 26.973.132,36 * 0,25 = 6.743.283,09€.

b) La base imponible previa a la aplicación de la reserva de capitalización y antes de compensación de bases imponibles negativas es la misma que en a).

Base imponible previa a la aplicación de la reserva de capitalización y antes de compensación	27.473.132,36
Reducción por reserva de capitalización (1)	−500.000,00
Bases imponibles negativas de ejercicios anteriores (2)	−500.000,00
Base imponible	26.473.132,36
Cuota íntegra (3)	6.618.283,09

Notas explicativas:

(1) Atendiendo al art. 25 LIS, los contribuyentes que experimenten entre el final del ejercicio anterior y el corriente un aumento en los fondos propios que figuren en su contabilidad pueden aplicar una reducción en la base imponible del 20% del importe del mencionado incremento. Como no ha habido incremento de la plantilla media, no cabe aplicar los porcentajes incrementados del 23%, 26,5% y 30% también mencionados en el art. 25.1 LIS.

Este beneficio fiscal exige el cumplimiento de una serie de requisitos (art. 25.1 LIS), y un cálculo determinado de los fondos propios (art. 25.2 LIS). En cualquier caso, la reducción tendrá, en el caso concreto de AJÚSTAME, S.A., como límite el 20% de la base imponible positiva previa a esta reducción y a la compensación de bases imponibles negativas (y a la integración de determinadas dotaciones, provisiones y gastos mencionados en el art.11.12 LIS).

Con todo lo anterior, la reducción se calculará de la siguiente forma:

-20% * 2.500.000 (= incremento en los fondos propios entre 2024 y 2025) = 500.000 €.

-límite de la reducción = 20% * 27.473.132,36 (= base imponible previa a esta reducción y a la compensación de bases imponibles negativas anteriores) = 5.494.6263,47 €.

Luego, la reducción cumple con el límite y, por lo tanto, la cantidad minorada asciende a 500.000 €.

(2) Las bases imponibles negativas se pueden compensar con las rentas positivas de los períodos impositivos siguientes, con el límite del 25% de la BI previa a la aplicación de la reducción de la reserva de

capitalización, ya que la cifra de negocios del ejercicio anterior fue de 60.000.000 €. Pudiéndose en todo caso compensar hasta un millón de € (art. 26 LIS y D.A. 15.1 LIS).

La base imponible negativa pendiente de 500.000 € respeta lo anterior (25% * 27.473.132,36 = 6.868.283,09 €) por lo que se puede aplicar la compensación en su totalidad.

(3) Dada la cifra de negocios de AJÚSTAME, S.A. del año anterior, el tipo impositivo aplicable es el 25% (art 29.1 y D.T. 44ª). Por tanto, la cuota íntegra de la empresa será de: 26.473.132,36 * 0,25 = 6.618.283,09€.

Ejercicio 4: Exención para evitar la doble tributación sobre dividendos

DAMEMÁS, S. A. está sujeta al régimen general de tributación en el Impuesto sobre Sociedades. Durante este ejercicio ha obtenido ingresos por dividendos procedentes de tres sociedades residentes en España (BE, S. A.; CE, S. A. y DE, S. A.), siendo la cuantía de dichos dividendos la que se recogen en la siguiente tabla:

Sociedad participada	Dividendo bruto que recibe DAMEMÁS, S. A.	Fecha de exigibilidad del dividendo
BE, S. A.	1.485.000	30-5-este ejercicio
CE, S. A.	2.000.000	10-9-este ejercicio
DE, S. A.	4.000.000	15-10-este ejercicio

Además, se sabe que DAMEMÁS, S. A. participa en BE, S. A., en un 40%, desde el 20 de enero de 2024; en CE, S. A., en un 2%, desde la misma fecha y en DE, S. A., en un 6%, desde el 1 de enero de este ejercicio 2025.

Se pide:

a) Determinar si DAMEMÁS puede eliminar la doble imposición a la que están sometidos los dividendos que recibe.

b) Determinar qué cambiaría si, el 30 de enero de 2024, BE, S. A. adquiere una participación del 30% en CE, S. A.

SOLUCIÓN

a) Si DAMEMÁS tuviera, al menos, el 5% del capital del que proceden los dividendos, y esa participación se hubiese mantenido de forma ininterrumpida durante el año anterior al día en que sea exigible el dividendo o se mantenga hasta completar el año, los dividendos quedan exentos. Por eso, los requisitos para acogerse a la exención hay que mirarlos por separado para cada paquete de dividendos, puesto que depende del porcentaje y antigüedad de la participación en la sociedad que distribuye el dividendo (art. 21.1 LIS). En cualquier caso, esta exención sólo alcanza al 95% de los dividendos, al establecer el art. 21.10 LIS que el importe de los dividendos a los que resulte de aplicación esta exención, se reducirá, a efectos de la aplicación de dicha exención, en un 5 por ciento en concepto de gastos de gestión (con la excepción adicional recogida en el art. 21.11. LIS)[3].

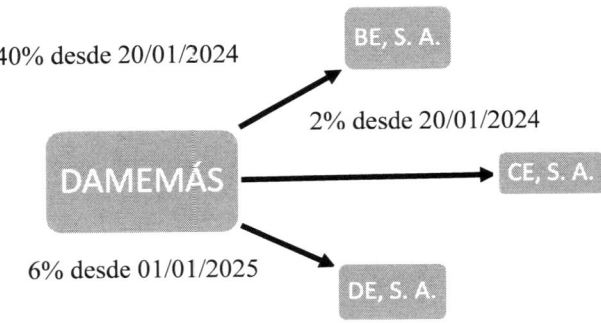

— El 95% de los dividendos recibidos de BE quedan exentos, puesto que se cumple el requisito de la cuantía de la participación y del tiempo, por lo que habrá que hacer un ajuste extracontable negativo del 95% de los dividendos recibidos de BE (concretamente 1.410.750 €).

— Los dividendos recibidos de CE no están exentos, puesto que solo se posee el 2% del capital de CE. No se hace ningún ajuste y, por lo tanto, los dividendos recibidos de CE, tributan.

— Los dividendos recibidos de DE tampoco están exentos, puesto que se posee el 6% del capital de DE, pero solo desde enero de este año. Tampoco se hace ningún ajuste.

Sin embargo, el art. 21.1 LIS establece que se tendrá derecho a la exención si la participación se mantiene el tiempo que sea necesario para completar un año, por lo que podría acogerse a dicha exención, haciendo un ajuste extracontable negativo del 95% de 4.000.000 €, es decir, 3.800.000 €, con la condición de que DAMEMÁS, S. A. mantuviera su participación en DE, S. A., hasta el 1 de enero de 2026. Si llegada esa fecha no se hubiese cumplido el requisito de mantenimiento de las

---

[3] La DT 40ª LIS, establece un régimen transitorio -que se extiende desde 2021 hasta 2025- que afecta a las entidades con participaciones en otras, adquiridas con anterioridad al 1 de enero de 2021, y cuyo valor de adquisición haya superado los 20 millones de euros. Estas entidades, aunque mantengan un porcentaje de participación inferior al 5%, también disfrutan del régimen de exención de dividendos y rentas derivadas de transmisión de valores contemplado en este ejercicio.

acciones, deberá ingresar junto con la cuota del período impositivo en que tenga lugar el incumplimiento de los requisitos o condiciones (en este caso, 2026), la cuota íntegra o cantidad deducida correspondiente a la exención, además de los intereses de demora, tal y como establece el art. 125.3 LIS.

b) Si el 30 de enero de 2024, BE, S. A. adquiere una participación del 30% en CE, S. A., DAMEMÁS posee una participación directa del 2% en el capital de CE, S. A., pero también una participación indirecta (a través de BE, S. A.) del 12%, ya que DAMEMÁS posee el 40% de BE, S. A., y BE, S. A. posee el 30% de CE, S. A (un 40% de un 30% es un 12%). En total, contando ambas participaciones (la directa y la indirecta), DAMEMÁS posee el 14% del capital de CE, S. A., cumpliéndose también el requisito de la antigüedad de un año, por lo que tendrá derecho a la exención del 95% de los 2.000.000 € de dividendos brutos que CE, S. A, le distribuye. En este caso, para acogerse a la exención, habría que hacer un ajuste extracontable negativo de 1.900.000€ (el 95% de 2.000.000€).

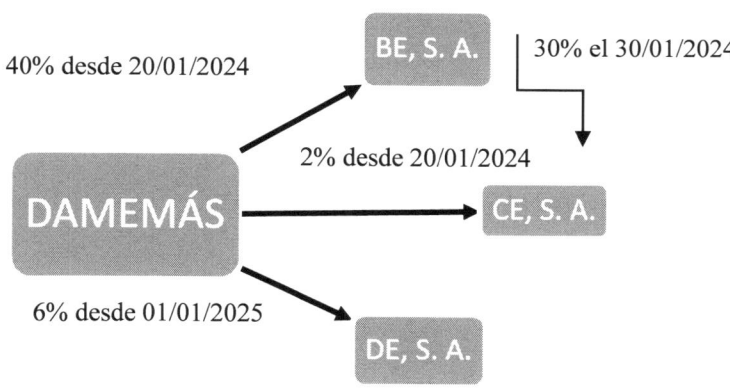

Ejercicio 5: Doble imposición jurídica internacional

DINGDONG, S. A. está sujeta al régimen general de tributación en el Impuesto sobre Sociedades siendo su cifra de negocios del año anterior de 11.000.000 €. Ha obtenido una renta en el extranjero de 1.900.000 € por llevar a cabo una actividad económica, por la que ha tenido que soportar en dicho país una tributación de 600.000 €.

Se pide:

a) Determinar qué mecanismos puede utilizar DINGDONG para eliminar o reducir la doble imposición internacional a la que está sometida la renta que gana en el extranjero.

b) Explicar la incidencia que tienen esos mecanismos en la declaración del Impuesto sobre Sociedades de DINGDONG, y cuál de los dos métodos le interesa utilizar para eliminar la doble imposición internacional.

SOLUCIÓN:

El impuesto soportado en el extranjero, que habrá sido contabilizado como gasto en la cuenta de pérdidas y ganancias de DINGDONG, no es fiscalmente deducible (art. 15.b LIS), por lo que hay que realizar inicialmente un ajuste positivo de 600.000€.

a) Como DINGDONG ha obtenido las rentas en el extranjero a través de un establecimiento permanente (puesto que las obtiene llevando a cabo una actividad económica) y en el país extranjero dichas rentas están sometidas a un tipo de gravamen de al menos el 10%, puede utilizar dos mecanismos para eliminar la doble imposición:
- el mecanismo de la exención (art. 22 LIS)
- el mecanismo de la deducción en cuota (art. 31 LIS)
Si estas rentas no se hubiesen obtenido a través de un establecimiento permanente, o si no hubiesen estado sometidas a un tipo de gravamen de al menos el 10%, solo podría utilizar el mecanismo de la deducción (art. 31 LIS).

b) Si la empresa utiliza el mecanismo de la exención (escenario 1), ha de practicarse, adicionalmente, un ajuste extracontable negativo, por importe de 1.900.000 € para que dicha renta no figure de forma efectiva en la base imponible y quede finalmente exenta (es decir, para que anule la suma del beneficio contable de 1.300.00€ y del ajuste positivo de 600.000€ antes mencionado).

Y si la empresa utiliza el mecanismo de la deducción en la cuota (escenario 2), puede deducirse la menor de las dos cantidades siguientes:
– la tributación soportada por esas rentas en el extranjero: 600.000 €
– la tributación (cuota íntegra) soportada por esas rentas en España si se hubieran obtenido aquí: 25% 1.900.000 = 475.000 €. €. Dada la cifra de negocios de DINGDONG, S. A. del año anterior, el tipo impositivo aplicable es el 25% (art. 29.1 LIS y D.T.44ª).

La deducción en la cuota, en este caso, será de 475.000 €, es decir, que hay 125.000 € del impuesto pagado en el extranjero que no pueden deducirse. No obstante, como la renta se ha obtenido en el extranjero mediante la realización de una actividad económica, esos 125.000 € que no pueden deducirse serán gasto deducible para hallar la base imponible (art. 31.2 LIS). En este método, se debe apuntar adicionalmente que el importe del impuesto satisfecho en el extranjero se integra en la base imponible (ajuste positivo inicial de 600.000 €), aun cuando no sea plenamente deducible (art. 31.2 LIS).

En este escenario 2, tras los ajustes relatados, acaba figurando en la base imponible una renta extranjera de -1.775.000 €, que gravada al 25% da una cuota íntegra de 443.750 €. Como la deducción es de 475.000 €, resulta más ventajosa esta opción frente a la exención, ya que ha de tenerse en cuenta adicionalmente que, si no cupiese toda la deducción en la cuota del actual ejercicio, como es el caso, el exceso (31.250€) podrá deducirse en los períodos impositivos siguientes (art. 31.6 LIS)

	Escenario 1	Escenario 2
Beneficio contable (correspondiente a la renta extranjera)	1.300.000	1.300.000
+ I. extranjero (DINGDONG)	600.000	600.000
− Impuesto extranjero no deducible en cuota		125.000
− Exención rentas extranjeras	1.900.000	-
Base imponible	0	1.775.000
Cuota íntegra	0	443.750
− Deducción doble imposición internacional	-	475.000
Cuota líquida	0	0
Coste fiscal	0	-31.250 (1)

Notas explicativas:

(1) Como se señala en el texto, esta cantidad excedentaria de deducción de 31.250€ minorará las posibles cuotas íntegras no nulas de los ejercicios siguientes

Ejercicio 6. Doble imposición internacional de dividendos

CANGUELO, S. L. es sujeto pasivo del Impuesto sobre Sociedades siendo su cifra de negocios del año anterior de 12.000.000 €. Ha obtenido en el presente ejercicio un resultado contable de 2.500.000 € y posee desde hace varios años el 100% del capital de la sociedad FLIX, que es no residente en España. FLIX obtiene este ejercicio un resultado contable antes de impuestos de 1.000 €, que quiere repartir en forma de dividendos. El país de residencia de FLIX tiene un tipo de gravamen en su Impuesto sobre Sociedades del 36% y un tipo de gravamen para las rentas de los no residentes del 10%.

Se pide:

a) Determinar qué mecanismos puede utilizar CANGUELO para eliminar o reducir la doble imposición internacional a la que está sometida la renta que gana en el extranjero.

b) Explicar la incidencia que tienen esos mecanismos en la declaración del Impuesto sobre Sociedades de CANGUELO.

c) ¿Cuál de los dos métodos le interesa utilizar a CANGUELO para eliminar la doble imposición internacional?

d) Resolver los apartados anteriores si el país de residencia de FLIX tiene un tipo de gravamen en su Impuesto sobre Sociedades del 15%.

SOLUCIÓN

a) Esta renta tributa en el extranjero de la siguiente manera:

Beneficio (FLIX) = 1.000 €.
Impuesto extranjero (FLIX) o impuesto subyacente = 36% 1.000 = 360 €.
Dividendo bruto recibido por CANGUELO = 640 €.
Impuesto extranjero (CANGUELO) = 10% 640 = 64 €[4].
Dividendo neto recibido por CANGUELO = 576 €.

Y además, CANGUELO tiene que declarar en el Impuesto sobre Sociedades español el dividendo obtenido en el extranjero, por lo que se produce una doble imposición (se tributa por ella en el extranjero y en España).

Para eliminar o reducir esa doble imposición, CANGUELO puede utilizar el mecanismo de:

— La exención, entendiendo que se cumplen todos los requisitos recogidos en el art. 21.1 LIS.

— La deducción por doble imposición internacional del impuesto soportado por el contribuyente (art. 31 LIS) y la deducción para evitar la doble imposición económica internacional de dividendos (art. 32 LIS).

b) Incidencia de estos métodos en la declaración del IS:

En primer lugar, se ha de señalar que el impuesto extranjero contabilizado por CANGUELO (64€) no es deducible fiscalmente (art. 15.b LIS), por lo que ocasiona

---

[4] Este impuesto extranjero aparecerá para CANGUELO contabilizado como un gasto más -cuenta 635 (*Impuesto sobre beneficios extranjeros*)-, sin menoscabo de su no deducibilidad fiscal, como se argumenta posteriormente en el texto.

el pertinente ajuste positivo. De esta forma, inicialmente, el dividendo integrado de forma efectiva en la base imponible de CANGUELO es de 640 €, en cualquiera de los escenarios que a continuación se revisan.

❖ El mecanismo de la exención supone hacer un ajuste adicional, en este caso negativo, al resultado contable, de tal forma que queden exentos, según el art. 21.10 LIS, el 95% de los dividendos (95% de 640 = 608 €). De esta forma, en la base imponible solo figuran finalmente el 5% de los dividendos brutos (32 €)[5]. Por lo tanto, para acogerse a la exención del art. 21, habrá que hacer un ajuste negativo de 608 €.

❖ El mecanismo de la deducción por doble imposición internacional consiste en deducirse de la cuota dos cantidades:

➤ 64 € como deducción del art. 31 LIS-Impuesto soportado por el sujeto pasivo. Esta cantidad se deriva de que el artículo 31 permite deducirse la menor de las dos cantidades siguientes:

- el impuesto pagado en el extranjero por CANGUELO por la renta obtenida = 64 €.
- el impuesto que pagaría CANGUELO en España por esa renta: 25% 640 = 160 €. Dada la cifra de negocios de CANGUELO del año anterior, el tipo impositivo aplicable es el 25% (art.29.1 LIS y D.T. 44ª).

La aplicación de esta deducción obliga a incluir en la base imponible el importe del impuesto satisfecho en el extranjero por CANGUELO, algo que ya se ha hecho con el primer ajuste positivo practicado de 64 €.

➤ Y, adicionalmente, 173,5 € como deducción del art. 32 LIS por dividendos y participaciones en beneficios obtenidos en el extranjero. Este artículo 32 permite deducirse el impuesto que paga FLIX con respecto a los beneficios con cargo a los cuales se abonan los dividendos (el denominado impuesto subyacente), en la cuantía correspondiente de tales dividendos, esto es, 360 €. Pero esta deducción (art. 32 LIS), junto con la deducción del art. 31, con la que es compatible (64 €), no puede superar la cuota que correspondería pagar en España por el 95% de esta renta (95% de 1.000 € = 950 €), si se hubiese ganado en territorio español (art. 32.4 LIS)[6]. Como en España, esos 950 € de renta tributarían a un 25%, esto es,

---

[5] La redacción del art. 21.10 LIS, introducido en la Ley de Presupuestos Generales del Estado para 2021, es ambigua. En la resolución de los ejercicios de este manual hemos interpretado que, la exención del 95%, recogida en dicho apartado, hace referencia a los dividendos brutos, sin perjuicio de lo que puedan aclarar la DGT y el TEAC, o lleguen a establecer los tribunales.

[6] La nueva redacción que, tras la Ley de Presupuestos Generales del Estado, se da al art. 32.4 LIS resulta también ambigua. La interpretación que nosotros hemos hecho, en la resolución de los ejercicios de este manual, se ajusta a la mantenida por CISS Fiscal Sociedades 2021. Caso práctico

237,5 €, este límite opera y hace que la deducción por doble imposición de dividendos (art. 32 LIS) solo pueda ser de 173,5 € (que es el límite máximo deducible de 237,5 € menos la deducción del art. 31 LIS, 64 €), no teniendo el exceso sobre dicho límite (art. 32.4 LIS) la consideración de gasto fiscalmente deducible[7].

Esto será así siempre que este impuesto subyacente se incluya en la base imponible, lo que obligará a hacer un ajuste positivo de 360 € (aunque no fuesen plenamente deducibles).

c) En este caso, preferirá utilizar el mecanismo de la exención, puesto que al tributar sólo por el 5% de los dividendos, la tributación en España será inferior.

Se muestra a continuación la incidencia en la declaración de ambos métodos:

– Escenario 1. Utiliza la deducción por doble imposición internacional (arts. 31 y 32 LIS).

– Escenario 2: Utiliza el método de la exención (art. 21 LIS).

	Escenario 1	Escenario 2
Beneficio contable	2.500.000,00	2.500.000,00
+ I. extranjero (CANGUELO)	64,00	64,00
+ I. extranjero (FLIX)	360,00	-
– Exención rentas extranjeras	-	608,00
Base imponible	2.500.424,00	2.499.456,00
Cuota íntegra	625.106,00	624.864,00
– Deducción doble imposición internacional	237,50	-
Cuota líquida (1)	624.868,50	624.864,00

Notas explicativas:

(1) No resulta aplicable la tributación mínima del art. 30 bis, ya que sólo afecta a las sociedades cuyo importe neto de la cifra de negocios el año anterior hubiese sido de, al menos, 20 millones de euros.

---

de liquidación del Impuesto sobre Sociedades (fecha de consulta 06/07/22). En cualquier caso, habrá que esperar a ver la interpretación que hace la DGT y el TEAC.

[7] Si CANGUELO hubiera tenido en el ejercicio anterior una cifra de negocios de al menos 20 millones de euros, pero inferior a 60 millones de euros, habría que tener en cuenta el límite adicional que establece la D.A. 15ª LIS (apartado 2) para la suma de las posibles deducciones por doble imposición internacional recogidas en los arts. 31 y 32 LIS: dichas deducciones no podrían exceder conjuntamente del 50% de la cuota íntegra del contribuyente. Además, si la cifra de negocios de CANGUELO en el ejercicio anterior hubiera sido igual o superior a 60 millones de euros, ambas deducciones por doble imposición internacional no podrían exceder conjuntamente del 25% de la cuota íntegra del contribuyente. Aunque la cifra de negocios de CANGUELO del ejercicio anterior no le obliga a contemplar ninguno de los dos límites anteriores, se puede comprobar fácilmente que la citada empresa cumpliría con esta condición, atendiendo a la cifra de cuota íntegra presentada posteriormente en el denominado Escenario 1.

Si nos centramos exclusivamente en el impacto fiscal de los dividendos obtenidos en el extranjero (obviando el resto de información):

– Escenario 1: Si se utiliza el método de la deducción por doble imposición internacional (arts. 31 y 32 LIS).

– Escenario 2: Si se utiliza el método de la exención (art. 21 LIS).

	Escenario 1	Escenario 2
Beneficio contable	576,00	576,00
+ I. extranjero (CANGUELO)	64,00	64,00
+ I. extranjero (FLIX)	360,00	-
– Exención rentas extranjeras	-	608,00
Base imponible	1.000,00	32,00
Cuota íntegra	250,00	8,00
– Deducción doble imposición internacional	237,50	-
Cuota líquida	12,50	8,00
Coste fiscal en España	12,50	8,00

Es decir, resulta ventajoso el uso del método de la exención proporcionando un ahorro fiscal de 12,5 - 8 = 4,5€.

d) Si el país de residencia de FLIX tiene un tipo de gravamen en su Impuesto sobre Sociedades del 15% (en este caso, menor que el vigente de forma general en España) la renta tributa en el extranjero de la siguiente manera:

Beneficio (FLIX) = 1.000 €.

Impuesto extranjero (FLIX) o impuesto subyacente = 15% *1.000 = 150 €.

Dividendo bruto recibido por CANGUELO = 850 €.

Impuesto extranjero (CANGUELO) = 10% * 850 = 85 €[8].

Dividendo neto recibido por CANGUELO = 765 €.

Si nos centramos en lo que tributarían los dividendos obtenidos en el extranjero (obviando el resto de información), resulta también mejor acogerse a la exención, puesto que en ese caso los dividendos tributan 10,63 € en el IS español, mientras que la opción de la deducción por doble imposición internacional supone una tributación en España de 15 €:

– Escenario 1: Si se utiliza el método de la deducción por doble imposición internacional (arts. 31 y 32 LIS), la deducción es de 235 €, es decir, la cifra menor entre el impuesto extranjero (235) y lo que tributarían el 95% de esas rentas en el impuesto español (25% 95% 1.000 = 237,5).

---

[8] Nuevamente este impuesto extranjero aparecerá para CANGUELO contabilizado como un gasto más -cuenta 635 (*Impuesto sobre beneficios extranjeros*)-, sin menoscabe de su no deducibilidad fiscal posterior.

– Escenario 2: Si se utiliza el método de la exención (art. 21 LIS), procede hacer un ajuste negativo de 807,5 €, para que queden exentos el 95% de los 850 € de dividendos brutos.

	Escenario 1	Escenario 2
Beneficio contable	765,00	765,00
+ I. extranjero (CANGUELO)	85,00	85,00
+ I. extranjero (FLIX)	150,00	-
– exención rentas extranjeras	-	807,50
Base imponible	1.000,00	42,50
Cuota íntegra	250,00	10,63
– Deducción doble imposición internacional	235,00	-
Cuota líquida	15,00	10,63
Coste fiscal en España	15,00	10,63

Ejercicio 7. ERD Liquidación general. Régimen general de tributación y ERD

TREMENDA, S. A. ha obtenido en este ejercicio un resultado de la cuenta de pérdidas y ganancias de 4.005.000 €, tras haber contabilizado 1.500.000 € por el montante previsto del Impuesto sobre Sociedades. Se conoce la siguiente información adicional sobre la contabilidad de la empresa:

1) Se ha pagado al proveedor y llevado a gastos de personal el importe de 40.000 € al que ascendió la tradicional compra de cestas de Navidad para los trabajadores de la empresa.

2) Se ha deducido en la contabilidad el pago del IBI correspondiente a este ejercicio: 900 €.

3) El 1 de enero del ejercicio anterior, adquirió un equipo médico por 20.000 € que decidió amortizar contablemente de forma lineal a razón de un 15% anual (coeficiente máximo permitido según tablas).

4) Adquiere el 1 de enero de este ejercicio, por 100.000 €, un vehículo de transporte interno nuevo para usos industriales que afecta a sus actividades de I+D. Contablemente, lo va a amortizar un 10% (coeficiente máximo permitido según tablas). Fiscalmente, quiere hacerlo lo más rápidamente posible. Los gastos de I+D de este ejercicio son iguales a la media de los gastos de I+D efectuados los dos ejercicios anteriores.

5) En la base imponible figuran 100.000,00 € provenientes de un establecimiento permanente en Ceuta por actividades ejercidas directamente allí. Se cumplen todos los requisitos para aplicar la deducción del art. 33 LIS.

Se pide:

a) Liquidar el Impuesto sobre Sociedades de este ejercicio de TREMENDA. Supongamos para ello que la cifra de negocios del año anterior fue de 15.000.000 € y no ha sido nunca ERD.

b) Determinar qué cambiaría en la liquidación del Impuesto sobre Sociedades si la cifra de negocios el año anterior hubiese sido de 9.000.000 €. Supongamos para ello que no dota reserva de nivelación del artículo 105 LIS.

SOLUCIÓN

a) Si la cifra de negocios del año anterior fue de 15.000.000 €, tributará en el régimen general del IS.

Resultado contable	4.005.000,00
IS contabilizado (1)	1.500.000,00
Cestas de Navidad (2)	-
IBI del ejercicio (3)	-
Amortización de equipo médico (4)	-
Amortización libre del vehículo (5)	–90.000,00
Base imponible antes de compensación	5.415.000,00
Bases negativas de ejercicios anteriores	-
Base imponible	5.415.000,00
Cuota íntegra (6)	1.353.750,00
– Bonificación rentas Ceuta y Melilla (7)	12.500,00
Cuota íntegra ajustada	1.341.250,00
– Deducción por actividades de I+D (8)	10.500,00
(límite deducciones por incentivo) (9)	No le afecta
Cuota líquida (10)	1.330.750,00

Notas explicativas:

(1) El IS contabilizado no es gasto fiscal (art. 15.b LIS). Hay que efectuar un ajuste positivo.

(2) El art. 15.e LIS lo considera gasto fiscalmente deducible (gastos que se realizan con respecto al personal, con arreglo a los usos y costumbres), por lo que no procede ajuste por las cestas de Navidad.

(3) El gasto del IBI del ejercicio sería un gasto de la actividad empresarial y no procedería ajuste.

(4) El equipo médico se amortiza contablemente un 15%, que es el coeficiente máximo según tablas, y fiscalmente no puede amortizarse por una cuantía superior, por lo que no se hace ajuste.

(5) Este vehículo por afectarse a I+D puede amortizarse libremente (art. 12.3 LIS). El uso de la libertad de amortización fiscal da lugar a una discrepancia en la imputación temporal que conlleva un ajuste negativo en el ejercicio en curso, que revertirá en los ejercicios posteriores de la siguiente manera, siendo *t* el año 2025.

	Amortización contable	Amortización fiscal	Ajustes
t	10.000	100.000	−90.000
t+1	10.000	0	10.000
...	...	...	...
t+9	10.000	0	10.000
Ajustes acumulados *t+1* a *t+9*	-	-	90.000
Total	100.000	100.000	0

(6) Dada la cifra de negocios del año anterior, el tipo impositivo aplicable es el 25% (art. 29.1.LIS y D.T.44ª).

(7) Bonificación por rentas obtenidas en Ceuta y Melilla (art. 33 LIS) = 50% * 25% * 100.000,00 = 12.500,00 €

(8) Deducción por actividades de I+D (art. 35.1 LIS). Da derecho a la deducción:

– La inversión en el vehículo que se afecta a I+D, que es de 100.000 €. Tiene derecho a una deducción por la inversión en elementos de inmovilizado material afecto a I+D. La deducción es el 8% (según el art. 35.1 LIS) de 100.000 = 8.000 €.

– El gasto en I+D realizado en este ejercicio será el contabilizado por amortización (10% 100.000 = 10.000 €). La deducción es el 25% (según el art. 35.1 LIS) de 10.000 = 2.500 €.

La deducción por I+D es entonces del 8% 100.000 + 25% 10.000 = 10.500 €.

(9) Límite de las deducciones = 25% CI ajustada ya que la deducción de I+D no excede del 10% de la cuota íntegra ajustada (art. 39.1 LIS). Se cumple.

(10) No resulta aplicable la tributación mínima del art. 30 bis, ya que sólo afecta a las sociedades cuyo importe neto de la cifra de negocios el año anterior hubiese sido de al menos 20 millones de euros

b) Si la cifra de negocios del año anterior fue de 9.000.000 €, tributará en el régimen de ERD (art. 101 LIS y siguientes), por lo que serán aplicables los artículos 102 a 105 LIS, aunque no se hace uso de la reducción por reserva de nivelación.

Resultado contable	4.005.000,00
IS contabilizado	1.500.000,00
Cestas de Navidad	-
IBI del ejercicio	-
Amortización de equipo médico (1)	−3.000,00
Amortización libre del vehículo	−90.000,00
Base imponible antes de compensación	5.412.000,00
Bases negativas de ejercicios anteriores	-
Base imponible	5.412.000,00
Cuota íntegra (2)	1.298.880,00
– Bonificación rentas Ceuta y Melilla (3)	12.000,00
Cuota íntegra ajustada	1.286.880,00
– Deducción por actividades de I+D	10.500,00
(límite deducciones por incentivo) (4)	No le afecta
Cuota líquida (5)	1.276.380,00

Notas explicativas:

(1) El equipo médico se amortiza contablemente un 15%, que es el coeficiente máximo según tablas, y fiscalmente se puede amortizar el doble del coeficiente máximo establecido en las tablas oficiales (art. 103 LIS). Habrá que hacer entonces, en este ejercicio, un ajuste negativo para considerar la mayor amortización fiscal: –3.000 €.

El cuadro total de ajustes a realizar será el siguiente:

Período	Amortización contable	Amortización fiscal	Ajustes
t –1	3.000	6.000	–3.000
t	3.000	6.000	–3.000
t + 1	3.000	6.000	–3.000
t + 2	3.000	2.000	1.000
t + 3	3.000		3.000
t + 4	3.000		3.000
t + 5	2.000		2.000
Total	20.000	20.000	

(2) Dada la cifra de negocios del año anterior, el tipo impositivo aplicable es el 24% (art. 29.1.LIS y D.T. 44ª), por lo que la cuota íntegra es 1.298.880 €.

(3) Bonificación por rentas obtenidas en Ceuta y Melilla (art. 33 LIS) = 50% * 24% * 100.000,00 = 12.000,00 €

(4) Límite deducciones = 25% CI ajustada (art. 39.1 LIS). Se cumple.

(5) No resulta aplicable la tributación mínima del art. 30 bis, ya que sólo afecta a las sociedades cuyo importe neto de la cifra de negocios el año anterior hubiese sido de al menos 20 millones de euros

Ejercicio 8. Liquidación general. Régimen general de tributación y ERD

PEQUEÑITA, S. A. ha obtenido en este ejercicio un resultado de la cuenta de pérdidas y ganancias de 1.000.000 € tras recoger como gasto un Impuesto sobre Sociedades español de 300.000 €. Se conoce la siguiente información adicional sobre la contabilidad de la empresa:

1) En la cuenta de tributos se incluye un cargo de 1.500 € por un recargo girado el primer trimestre del IVA por la AEAT al haberse ingresado fuera de plazo.

2) El 1 de enero del presente ejercicio, compra a un empresario por 20.000 € una maquinaria que utiliza inmediatamente en su actividad. La amortiza contablemente al máximo coeficiente recogido en tablas y fiscalmente también quiere hacerlo lo más rápidamente posible.

3) Ha obtenido en el extranjero mediante un establecimiento permanente una renta de 750.000 €, por la que ha tenido que soportar en dicho país una tributación

de 100.000 €, que está oportunamente contabilizado como gasto. Decide hacer uso del art. 22 LIS para eliminar la doble imposición internacional.

4) Los gastos de I+D de este ejercicio, que están oportunamente contabilizados, se desglosan de la siguiente manera:

– Amortización de un inmueble: 5.000 €. Fiscalmente también lo amortizó: 5.000 €.

– Gastos del personal investigador adscritos en exclusiva a actividades de I+D: 60.000 €.

– Otros gastos de funcionamiento: 4.000 €.

Supongamos que este es el primer año que se efectúan gastos en I+D.

5) Tiene contratada a una persona con una discapacidad del 40% desde hace cuatro años. El 1 de enero de este ejercicio ha despedido a un trabajador de 50 años y el 1 de septiembre de este ejercicio, ha contratado a los siguientes trabajadores:

– un empleado de 19 años para 6 meses.

– una trabajadora de 23 años por tiempo indefinido.

– un trabajador de 20 años con una discapacidad del 35%.

6) Esta sociedad obtuvo hace tres años una base imponible negativa de 100.000 € de los cuales aún quedan por compensar 40.000 € (art. 26 LIS)

7) Las retenciones que sufre en este ejercicio ascienden a 30.000 € y los pagos fraccionados que realiza a 85.000 €.

Se pide:

Practicar la liquidación del IS de PEQUEÑITA en este ejercicio:

a) Suponiendo que su cifra de negocios el año anterior fue de 16.000.000 €.

b) Suponiendo que es empresa de reducida dimensión y su cifra de negocios en este ejercicio es de 7.000.000 €. Se sabe que no le es de aplicación el art. 102 LIS, al no incrementarse la plantilla.

SOLUCIÓN

a) Si su cifra de negocios el año anterior fue de 16.000.000 €, no es empresa de reducida dimensión.

Resultado contable	1.000.000,00
IS contabilizado (1)	300.000,00
Recargo AEAT (2)	1.500,00
Amortización maquinaria (3)	-
Impuesto extranjero contabilizado (4)	100.000,00
Exención rentas extranjeras (4)	-750.000,00
Base imponible antes de compensación	651.500,00
Bases imponibles negativas de ejercicios anteriores (5)	-40.000,00

Base imponible	611.500,00
Cuota íntegra (6)	152.875,00
Cuota íntegra ajustada	152.875,00
Deducción por gastos en I+D (7)	39.180,00
Deducción creación de empleo personas con discapacidad (8)	2.970,00
(límite deducciones por incentivo) (9)	No le afecta
Cuota líquida (10)	110.725,00
Retenciones	30.000,00
Pagos fraccionados	85.000,00
Cuota a ingresar o devolver	-4.275,00

Notas explicativas:

(1) El Impuesto sobre Sociedades contabilizado no es gasto fiscalmente deducible (art. 15.b LIS), por lo que se efectúa un ajuste positivo.

(2) El recargo girado por la AEAT no es gasto fiscalmente deducible (art. 15.c LIS), por lo que se hace un ajuste positivo.

(3) La maquinaria no puede amortizarse libremente (véase art. 12.3 LIS).

– Contablemente, se amortiza el máximo permitido en tablas = 12% 20.000 = 2.400 €.

– Fiscalmente, no se puede amortizar por un importe superior, por lo que no se realiza ajuste.

(4) El impuesto de 100.000 € que soporta la sociedad en el extranjero, por las rentas allí obtenidas, no es deducible fiscalmente (art. 15 b) LIS), por lo que procederá hacer un ajuste extracontable positivo de 100.000 €. Por otra parte, el art. 22 LIS permite dejar exentas las rentas ganadas en el extranjero a través de un establecimiento permanente, para eliminar la doble imposición internacional, para lo que habrá que hacer un ajuste negativo de 750.000 €.

(5) Puede compensar los 40.000 € que le quedan pendientes de compensación de ejercicios anteriores (art. 26 LIS).

Como la cifra de negocios el año anterior no llega a los 20 millones de euros, no le es de aplicación la DA 15, y puede compensar pérdidas por un importe de hasta el 70% de la base imponible previa a la aplicación de la reducción de la reserva de capitalización (el 70% de 651.500 = 456.450 €), pudiendo compensarse en todo caso pérdidas de hasta un millón de €.

(6) Dada la cifra de negocios del año anterior, el tipo impositivo aplicable es el 25% (art. 29.1.LIS).

(7) El art. 35 LIS establece una deducción por gastos en I+D.

Base de la deducción general (por gastos en I+D) = 5.000 + 60.000 + 4.000 = 69.000 €. El porcentaje de deducción general es un 42%, ya que la media de gasto en I+D los dos años anteriores es cero.

Base de la deducción adicional por gastos de personal cualificado = 60.000 €. El porcentaje de deducción adicional es un 17%.

Por lo tanto, la deducción por gastos en I+D = (42% 69.000) + (17% 60.000) = 39.180 €.

(8) Deducción por creación de empleo para trabajadores con discapacidad (art. 38 LIS) de 9.000 €, por cada persona en que se incremente al año el promedio de la plantilla de trabajadores, con una discapacidad entre el 33 y el 65%.

– Promedio trabajadores con discapacidad entre el 33 y el 65% en 2024 = 1.

– Promedio trabajadores con discapacidad entre el 33 y el 65% en 2025 = 1 + (1 * 122 / 365) = 1,33.

Solo se tiene en cuenta, además del trabajador que ya estaba contratado, el trabajador de 20 años que se contrata en septiembre porque es el único que cumple los requisitos de tener una discapacidad entre el 33 y el 65%. Como solo está el último cuatrimestre del año (122 días), computa 122/365.

    – Incremento en el promedio de plantilla de trabajadores con discapacidad = 1,33 – 1 = 0,33.
Deducción por creación de empleo de trabajadores con discapacidad = 9.000 * 0,33 = 2.970 €.
    (9) 50% CI ajustada, ya que la deducción por gastos en I+D > 10% CI ajustada (art. 39.1 LIS).
Se cumple.
    (10) No resulta aplicable la tributación mínima del art. 30 bis, ya que sólo afecta a las sociedades
cuyo importe neto de la cifra de negocios el año anterior hubiese sido de al menos 20 millones de
euros.

    b) Si es empresa de reducida dimensión y su cifra de negocios este ejercicio
es de 7.000.000 €.

Resultado contable	1.000.000,00
IS contabilizado	300.000,00
Recargo AEAT	1.500,00
Amortización acelerada maquinaria (1)	–2.400,00
Exención rentas extranjeras	–650.000,00
Base imponible antes de compensación	649.100,00
Bases imponibles negativas de ejercicios anteriores	–40.000,00
Base imponible	609.100,00
Cuota íntegra (2)	146.184,00
Cuota íntegra ajustada	146.184,00
Deducción por gastos en I+D	39.180,00
Deducción creación de empleo personas con discapacidad	2.970,00
(límite deducciones por incentivo) (3)	No le afecta
Cuota líquida (4)	104.034,00
Retenciones	30.000,00
Pagos fraccionados	85.000,00
Cuota a ingresar o devolver	-10.966,00

Notas explicativas:

    (1) Las empresas de reducida dimensión tienen ciertas ventajas fiscales. En este caso no es
aplicable la libertad de amortización que recoge el art. 102, puesto que no hay incremento en la
plantilla de trabajadores. Los trabajadores con discapacidad que computan para la deducción por
creación de empleo no computan para el art 102 LIS. Sí que se puede disfrutar de la amortización
acelerada del art. 103 LIS. El art. 103 permite amortizar fiscalmente los bienes el doble del coeficiente
máximo de las tablas aprobadas oficialmente.
    La amortización contable será este ejercicio = 0,12 * (20.000) = 2.400 €, ya que el 12% es el
coeficiente máximo permitido en las tablas.
    La amortización fiscal será del doble del coeficiente máximo de amortización lineal = 0,12 * 2
* (20.000) = 4.800 €.
    El ajuste de este ejercicio será de la diferencia entre ambas amortizaciones = 2.400 €.
    Los ajustes que tendrán que hacerse durante la vida útil del bien serán los siguientes:

Años	Amortización contable	Amortización fiscal	Ajuste
2025	2.400	4.800	−2.400
2026	2.400	4.800	−2.400
2027	2.400	4.800	−2.400
2028	2.400	4.800	−2.400
2029	2.400	800	1.600
2030	2.400	-	2.400
2031	2.400	-	2.400
2032	2.400	-	2.400
2033	800	-	800
Total	20.000	20.000	0

(2) La cuota íntegra se calcula con el tipo de gravamen del 24% (art. 29.1 y D.T. 44ª) = 146.184€.

(3) 50% CI ajustada, ya que la deducción por gastos en I+D > 10% CI ajustada (art. 39.1 LIS). Se cumple.

(4) No resulta aplicable la tributación mínima del art. 30 bis, ya que sólo afecta a las sociedades cuyo importe neto de la cifra de negocios el año anterior hubiese sido de al menos 20 millones de euros.

4.5. Cuestiones propuestas

Cuestión 1. Delimitación de contribuyentes

Señale si las siguientes entidades residentes son o no contribuyentes del IS:

a) Una sociedad colectiva cuyo objeto social es la hostelería.

b) La *Fundación Juan March,* que desarrolla sus actividades, sin ánimo de lucro, en el campo de la cultura humanística y científica.

c) La AMPA de un colegio público que explota un local ubicado en el mismo donde se ofrecen regularmente comidas y bebidas.

d) Un fondo de inversión que reúne ahorros de distintos partícipes para invertirlos en diferentes instrumentos financieros de renta fija y variable.

e) La sociedad mixta *Transportes Urbe* que presta, en régimen de concesión, el servicio de transporte colectivo de viajeros en tranvía en una ciudad.

f) La Universidad de Zaragoza.

No olvide consultar, entre otros: art. 7 LIS.

Cuestión 2. Identificación de exenciones totales y parciales. Tipo impositivo aplicable

a) *Cruz Roja Española,* a la que le es de aplicación el régimen fiscal establecido en la Ley 49/2002, obtiene anualmente rentas derivadas de su patrimonio mobiliario.

b) Una asociación deportiva, a la que no le es de aplicación el régimen fiscal establecido en la Ley 49/2002, recibe la donación de un inmueble como legado de un antiguo socio recientemente fallecido. A los nueve meses de esta entrega, en espera de encontrar un destino para este inmueble acorde a los fines estatutarios, la junta de la asociación decide arrendarlo temporalmente a un particular que lo va a utilizar como almacén.

c) Una sociedad anónima es concesionaria de la explotación de los estacionamientos subterráneos de vehículos de una ciudad. El capital de dicha sociedad pertenece en su totalidad al ayuntamiento de la ciudad. Los beneficios anuales derivados de la explotación del servicio son de 90.000 €.

d) Según se señala en la prensa local, *Iber Banco,* entidad de crédito con sede fiscal en La Rioja, obtuvo unos beneficios derivados de su negocio de 7 millones de euros en el ejercicio de 2025.

e) Un fondo de pensiones acumula un beneficio económico en el presente ejercicio de 2,5 millones de euros.

No olvide consultar, entre otros: arts. 7, 9, 29 y 109-111 LIS.

Cuestión 3. Retenciones

Una sociedad anónima, dedicada a la tasación de inmuebles, ha sido agraciada con un vehículo valorado en 12.000 € por ser la portadora de una participación ganadora de una rifa organizada por la asociación de comerciantes del barrio donde está ubicada su sede comercial. ¿Se deriva alguna retención a cuenta del IS de la operación descrita?

No olvide consultar, entre otros: arts. 60-68 RIS.

Cuestión 4. Pagos fraccionados

a) ATÉMPORE, S. A. tiene establecido como ejercicio económico de su negocio el período anual comprendido entre el 1 de mayo de 2025 y el 30 de abril de 2026. ¿Cómo se llevarán a cabo los pagos fraccionados de esta empresa durante el citado ejercicio atendiendo a las indicaciones del art. 40.1 y 2 de la LIS? (suponemos que, por su volumen de operaciones de los doce meses anteriores a la fecha de inicio del ejercicio económico mencionado, no tiene obligación de practicar pagos fraccionados atendiendo a la modalidad descrita en el art. 40.3 LIS).

b) Si la empresa opta por el régimen de pagos fraccionados descrito en el art. 40.3 de la LIS, ¿cuál será la parte de base imponible que se deberá usar para el cálculo de los citados pagos fraccionados?

No olvide consultar, entre otros: art. 40 LIS.

Cuestión 5. Empresas de reducida dimensión (ERD) (peculiaridades derivadas de su régimen especial)

a) TALÓN, S. A. muestra en su contabilidad unas pérdidas por insolvencia de deudores de un crédito adeudado por una empresa declarada en situación de concurso que asciende a 12.000 €. Además, sabemos que los clientes de TALÓN, a cierre de ejercicio, le adeudan 20.000 € (incluyendo los 12.000 anteriores), y que la empresa dedujo contablemente una estimación global por deterioro de créditos de 400 €. ¿En el ámbito del IS declarado por TALÓN, S. A., qué ajustes fiscales sobre su resultado contable se derivan de la información anterior?

b) MORE, S. L., cuyo objeto social es el comercio de productos de belleza, y que tiene carácter de ERD a efectos del IS, adquiere mobiliario nuevo para su establecimiento de la ciudad de Zaragoza por un valor de 30.000 €. Ninguno de los elementos de ese mobiliario supera el valor de 300 €. El mobiliario es entregado a 1 de julio y opta contablemente por una amortización lineal con aplicación del coeficiente máximo.

Suponiendo que el objetivo de la empresa sea el de minimizar el pago del IS en el presente ejercicio, ¿cuál será el ajuste que aparecerá en la declaración del mismo derivada de la diferencia temporaria entre la amortización contable y fiscal del citado mobiliario?

c) Suponga que MORE, S. L., ha acumulado en el presente ejercicio, a efectos del IS, una base imponible de 15.000 € durante los tres primeros meses de su ejercicio económico (coincidente con el año natural), y a lo largo de los nueve primeros una base imponible de 90.000 €. Las retenciones que le han sido practicadas en el mismo período son, en cada uno de los meses, de 1.000 €.

La empresa desea calcular los dos primeros pagos fraccionados correspondientes al IS del ejercicio actual, sabiendo adicionalmente que la cifra de negocios del ejercicio anterior fue de 8 millones de euros, y que, en consecuencia, aplica la modalidad de cálculo del art. 40.3 LIS.

¿Cuál es la cantidad global que la empresa lleva acumulada como pagos a cuenta del IS del ejercicio?

No olvide consultar, entre otros: arts. 12, 13, 40 y 101-104 LIS.

4.6. Ejercicios propuestos

Ejercicio 1. Correcciones al resultado de la cuenta de pérdidas y ganancias

TAPADERA, S. L. ha obtenido en este ejercicio un resultado de la cuenta de pérdidas y ganancias de 30.000.000 €, tras haber recogido un cargo de 9.000.000 € por el montante previsto del Impuesto sobre Sociedades de este año. Las cifras de negocios de los años anteriores siempre han sido superiores a 15.000.000 €.

1) Ha contabilizado, en concepto de pérdidas por deterioro de créditos, 400.000 € por la posible insolvencia de deudores correspondientes a un cliente que está declarado en situación de concurso.

2) La sociedad adquiere, el 1 de abril de este ejercicio, un elemento de transporte interno nuevo por 5.000 € que pone en funcionamiento inmediatamente y que amortiza contablemente de forma lineal a razón de un 7% anual.

3) La sociedad adquiere, el 1 de julio de este ejercicio, y pone en funcionamiento inmediatamente en su departamento de I+D, una furgoneta nueva por 60.000 €, que va a amortizar contablemente de forma lineal a razón de un 16% anual (coeficiente máximo según tablas).

Se pide:

a) Calcular la cuota íntegra de TAPADERA en el Impuesto sobre Sociedades del presente ejercicio. Suponga que los bienes los amortiza fiscalmente lo más rápidamente posible.

b) Explique cómo revertirán los años posteriores en las declaraciones del Impuesto sobre Sociedades los ajustes efectuados en 2025 para el cálculo de la base imponible.

c) Si la furgoneta se vende el 31 de diciembre de 2027 por 50.000 €, ¿qué incidencia tiene esa venta en la declaración del Impuesto sobre Sociedades del año 2027?

d) Supongamos ahora que la empresa es de reducida dimensión, ¿cómo cambiarían sus respuestas anteriores?

No olvide consultar, entre otros: arts. 12, 13 y 101 a 103 y DT 44ª LIS

Ejercicio 2. Correcciones al resultado de la cuenta de pérdidas y ganancias

La contabilidad de LOS ILUMINATI, S. A., empresa dedicada a la fabricación de bombillas, tiene este ejercicio un resultado de la cuenta de pérdidas y ganancias de 70.000 €, y no es empresa de reducida dimensión. Presenta las siguientes incidencias a efectos de su declaración de Impuesto sobre Sociedades:

1) No se han contabilizado 6.000 € cobrados por un premio de la lotería.

2) Entre los gastos, figura la cantidad pagada por una sesión de masajes al gerente de la empresa, 80 €.

3) No se ha contabilizado el dividendo íntegro recibido de 15.000 € por las 1.000 acciones que se poseen de HALOLENOS, S. L., también residente en España. La participación en HALOLENOS, S. L. no cumple con los requisitos de significatividad enunciados en el art. 21 LIS.

4) Se contabilizan como gasto en tributos los pagos fraccionados a cuenta del IS, por 6.000 €.

5) En los gastos de conservación, figura la adquisición hecha el 31 de diciembre de este año de una máquina soldadora de microalambre cuyo coste ascendió a 10.000 € y que se va a amortizar un 12% (el máximo según tablas).

6) Estaba omitido entre los gastos del ejercicio anterior el sueldo de agosto del jefe de compras por 2.000 € y se ha contabilizado en este año en la cuenta de reservas.

Se pide:

Calcular con estos datos la base imponible del Impuesto sobre Sociedades de LOS ILUMINATI, S. A. para el presente ejercicio.

No olvide consultar, entre otros: arts. 4, 10, 11, 15 y 21 LIS.

Ejercicio 3. Deducciones por doble imposición

SUBURBÁN, S. A. es sujeto pasivo del Impuesto sobre Sociedades siendo su cifra de negocios del año anterior de 11.500.000 €. Obtiene un resultado de la cuenta de pérdidas y ganancias de 2.500.000 € en este ejercicio y entre sus rentas figuran las obtenidas en un país extranjero a través de un establecimiento permanente:

Renta bruta obtenida en el extranjero	Impuesto extranjero
3.000.000	750.000

Se pide:

a) Calcular la deducción por doble imposición a la que tiene derecho SUBURBÁN en el Impuesto sobre Sociedades de este ejercicio, y la incidencia que tiene este método en la declaración de dicho impuesto.

b) Si utiliza el método de la exención para eliminar la doble imposición, ¿cuál es la incidencia de este método en la declaración del Impuesto sobre Sociedades?

c) ¿Cuál de los dos métodos le interesa utilizar para eliminar la doble imposición?

d) ¿Y si el impuesto pagado en el extranjero fuera de 600.000 €?.

e) ¿Qué cambiaría si la cifra de negocios de la sociedad el año anterior hubiese sido de al menos 20 millones de €?

No olvide consultar, entre otros: arts. 22 y 31 LIS.

Ejercicio 4. Deducciones por doble imposición

La sociedad DEDÚCEME, S. A. ha obtenido un resultado de la cuenta de pérdidas y ganancias antes de recoger como gasto el Impuesto sobre Sociedades español de 4.000.000 €. Su cifra de negocios del año anterior fue de 13.000.000 €.

Se conoce, además, la siguiente información adicional:

1) DEDÚCEME ha recibido, el 1 de diciembre de este ejercicio, unos dividendos de 3.550 €, procedentes de una sociedad, residente en España, que está participada en un 50% por la sociedad DEDÚCEME desde enero de este año.

2) También ha obtenido en un país extranjero una renta bruta de 95.000 € a través de un establecimiento permanente. En dicho país ha tenido que satisfacer un impuesto sobre la renta de no residentes por una cuantía de 30.000 €.

3) DEDÚCEME posee desde hace varios años el 10% del capital de la empresa FOREIGN, que no es residente en España y que ha obtenido este año un beneficio antes de impuestos de 50.000 €. FOREIGN quiere repartir todos sus beneficios entre sus accionistas en forma de dividendos. El país de residencia de FOREIGN tiene un tipo de gravamen en el impuesto de sociedades del 20% y un tipo de gravamen para las rentas de no residentes del 10%.

Se pide:

a) Calcular la cuota íntegra ajustada de la sociedad Dedúceme en el Impuesto sobre Sociedades de este ejercicio.

b) Determina qué cambiaría en la liquidación si el país de residencia de FOREIGN tuviera un tipo de gravamen en su impuesto de sociedades del 9%.

No olvide consultar, entre otros: arts. 21, 22, 31 y 32 LIS.

Ejercicio 5. Liquidación general

JUGUETITOS, S. A. ha obtenido en este ejercicio un resultado de la cuenta de pérdidas y ganancias, antes de recoger como gasto el Impuesto sobre Sociedades español, de 10.000.000 €. Su cifra de negocios se sitúa siempre entre los 11.000.000 € y 13.000.000€. Para llevar a cabo la liquidación del Impuesto sobre Sociedades se conoce la siguiente información contable:

1) La cuenta de gastos de personal registra 1.200 € en concepto de gastos de celebraciones del personal, según uso y costumbre.

2) En los gastos figura una sanción contractual, por prestar un servicio fuera de plazo, de 1.000 €.

3) Ha contabilizado, en concepto de pérdidas por deterioro de créditos, 600.000 € por la posible insolvencia de deudores correspondiente a un cliente que no le he pagado una factura desde hace cuatro años y está procesado por el delito de alzamiento de bienes; y 400.000 € por lo adeudado por una entidad en la que participa un 30% (entidad vinculada). Además, se ha deducido por estimación global del saldo de deudores (excluidos los anteriores) un 2%, es decir, 1.000 €.

4) El 1 de julio de este ejercicio, compró por 200.000 € una máquina que entró en funcionamiento inmediatamente. Contablemente, piensa amortizarla según el procedimiento lineal a razón de un 12%, aunque fiscalmente quiere hacerlo, si puede, lo más rápidamente posible.

5) Ha obtenido en noviembre de este año 9.368,43 €, en concepto de dividendos procedentes de TOMAYDACA, S. A., que está participada desde enero del año anterior en un 5% de su capital social por JUGUETITOS. TOMAYDACA es residente en España y tributa en el Impuesto sobre Sociedades.

6) JUGUETITOS ha obtenido de una cuenta corriente en el extranjero unos intereses de 2.800 € que han soportado en aquel país un gravamen de 300 €.

7) En diciembre de este año JUGUETITOS ha obtenido en el extranjero unos dividendos netos de 1.134 €, tras haber satisfecho en ese país un impuesto de 126 €. Los dividendos los ha repartido la sociedad GUIRIS, que está participada en un 15%

por JUGUETITOS desde enero del año anterior (habiendo costado la participación 500.000 €). El impuesto sobre sociedades, correspondiente a la participación de JUGUETITOS, pagado por GUIRIS en el extranjero ha sido de 420 €. JUGUETITOS, que no está bien asesorado, ha decidido acogerse a la deducción por doble imposición internacional.

8) La plantilla de JUGUETITOS se desglosa de la siguiente manera:

a) Ejercicio anterior:

– El uno de enero hay 50 empleados. Dos son despedidos el 1 de julio.

– 6 trabajadores con una discapacidad inferior al 33% son contratados a mitad de año y despedidos al año siguiente al hacer un año en la empresa.

– 1 trabajador con una discapacidad del 70% es contratado el 1 de marzo.

b) Variaciones en la plantilla durante el presente ejercicio:

– 3 trabajadores son contratados el 1 de abril y despedidos al año siguiente al hacer un año en la empresa.

– 4 trabajadores con una discapacidad del 65% son contratados el 1 de octubre.

9)   El año anterior declaró una base imponible negativa de 3.600 €.

10)   Durante el presente ejercicio ha realizado unos pagos fraccionados que suman 2.000.000 €. Las retenciones que le han practicado ascienden a 50.000 €.

Se pide:

a) Practicar la liquidación del Impuesto sobre Sociedades del presente ejercicio.

b) Determinar qué cambiaría en la liquidación del IS anterior si JUGUETITOS hubiese amortizado contablemente la máquina del apartado 4 en un 10%. ¿Y si la hubiese amortizado contablemente un 14%?

c) Determinar qué cambiaría en la liquidación del IS si JUGUETITOS participara solo en un 2% del capital de GUIRIS.

d) Determinar qué cambiaría en la liquidación del IS si los cuatro trabajadores contratados el 1 de octubre de este ejercicio tuviesen una discapacidad del 40%.

e) Determinar qué cambiaría si JUGUETITOS fuese empresa de reducida dimensión y no hubiera ninguna variación en el personal de la empresa en los años siguientes. Hazlo para los apartados a) y b).

f) Determinar qué cambiaría si JUGUETITOS fuera una empresa de nueva creación y este fuese el primer año con una base imponible positiva desde que se constituyó.

Ejercicio 6. Liquidación general

MAXIMÍN, S. A. ha presentado la documentación del Impuesto sobre Sociedades correspondiente al presente ejercicio, cerrado a 31 de diciembre, con los siguientes datos y circunstancias relevantes de acuerdo con su contabilidad:

1) Los beneficios antes de impuestos de la sociedad ascienden a 100.000 €. El importe neto de la cifra de negocios del pasado ejercicio, que fue el menor de los últimos años, superó los 15 millones de euros.

2) La sociedad ha reconocido las siguientes pérdidas por deterioro de créditos por posibles insolvencias de deudores:

▪ 1.000 € correspondientes a una deuda de un cliente contraída por una venta realizada en enero de ese mismo año.

▪ 2.000 € correspondientes a un crédito adeudado por una entidad de derecho público. El deudor ha interpuesto un procedimiento judicial que versa sobre su existencia.

3) La cuenta de gastos de personal registra, entre otros, los siguientes conceptos:

▪ 5.000 € por gastos de celebraciones para el personal, para conmemorar el aniversario de la empresa, tal y como es costumbre.

▪ 20.000 € de indemnizaciones por despido sin exceder lo establecido en el Estatuto de los Trabajadores.

4) La cuenta de pérdidas y ganancias refleja, entre otras partidas, un beneficio de 12.000 € derivado de una venta a plazos. La sociedad va a cobrar el importe anterior en tres plazos iguales, en los años 2025, 2026 y 2027.

5) La sociedad ha contabilizado en la cuenta de ingresos de participaciones en capital 6.426,32 €, que corresponden a dividendos íntegros distribuidos por dos sociedades residentes en España, y en cuyo capital MAXIMÍN participa de la siguiente manera:

− A, S. A.: 2% de participación directa, desde 2022. La participación costó 60.000 €.

− B, S. A.: 8% de participación indirecta, desde 2023. La participación costó 70.000 €.

Las retenciones practicadas sobre los dividendos de 1.900 € percibidos de la sociedad A ascienden a 361 € y, en cambio, los 4.526,32 € de dividendos procedentes de la sociedad B no están sujetos a retención, de acuerdo con el art. 61.p del RIS.

6) En el ejercicio de 2019, la sociedad obtuvo una base imponible negativa en el Impuesto sobre Sociedades de 40.000 €, que pretende compensar en este ejercicio (art. 26 LIS).

7) Durante el ejercicio, la sociedad ha efectuado pagos fraccionados a cuenta del Impuesto sobre Sociedades por importe de 16.000 €.

Se pide:

Liquidar el Impuesto sobre Sociedades de MAXIMÍN del presente ejercicio.

Ejercicio 7. Liquidación general ERD

MICROSAY, S. L. ha presentado la documentación del Impuesto sobre Sociedades correspondiente a este ejercicio, cerrado a 31 de diciembre, con los siguientes datos y circunstancias relevantes de acuerdo con su contabilidad:

1) El importe neto de la cifra de negocios de la sociedad el año anterior ascendió a 6 millones de euros y la de este a 7 millones de euros.

2) Durante este ejercicio, la sociedad ha obtenido unos beneficios antes de impuestos de 250.000 €, y su beneficio operativo (ver art. 16.1 LIS) ha sido de 175.000 €.

3) La sociedad adquirió una máquina nueva por importe de 100.000 €, que entró en funcionamiento el día 1 de julio.

La sociedad ha decidido aplicar sobre esta máquina el método lineal y amortizarlo contablemente al 12% anual. No obstante, fiscalmente la sociedad desea acogerse al beneficio recogido en el art. 103 de la LIS.

4) La plantilla de la empresa consiste en un trabajador con una discapacidad del 70%, contratado desde el año 2022. A mediados de este ejercicio se ha incorporado, además, otro trabajador con una discapacidad del 67%

5) El incremento de los fondos propios de la entidad, atendiendo a la redacción del art. 25.2 LIS, se cifra en 60.000 €.

6) Los gastos financieros netos, incorporados en el cálculo contable de los beneficios, han ascendido a 25.000 €.

Se pide:

a) Liquidar el Impuesto sobre Sociedades de MICROSAY de este período impositivo.

b) Señalar cómo se modificaría la tributación en los siguientes supuestos:

1. El trabajador minusválido se incorpora el 1 de enero (art. 38 LIS).

2. La empresa obtiene, mediante una sucursal ubicada en Melilla que es dirigida por un trabajador de la empresa contratado a tiempo completo, el 10% de su beneficio contable antes de impuestos.

3. Se produce un incumplimiento posterior de los requisitos enunciados en el art. 25.1 LIS para la aplicación de la reducción por reserva de capitalización.

4. La sociedad decide aplicar la minoración de la base imponible mencionada en el art. 105 LIS.

5. Los gastos financieros netos ascienden a 60.000 €.

No olvide consultar la DT 44ª LIS

5. IMPUESTO SOBRE LA RENTA DE LAS PERSONAS FÍSICAS

5.1. Regulación

Ley 35/2006, de 28 de noviembre, del Impuesto sobre la Renta de las Personas Físicas y de modificación parcial de las leyes de los Impuestos sobre Sociedades, sobre la Renta de no Residentes y sobre el Patrimonio (LIRPF).

Real Decreto 439/2007, de 30 de marzo, por el que se aprueba el Reglamento del Impuesto sobre la Renta de las Personas Físicas y se modifica el Reglamento de Planes y Fondos de Pensiones, aprobado por Real Decreto 304/2004, de 20 de febrero (RIRPF).

5.2.Esquema de liquidación

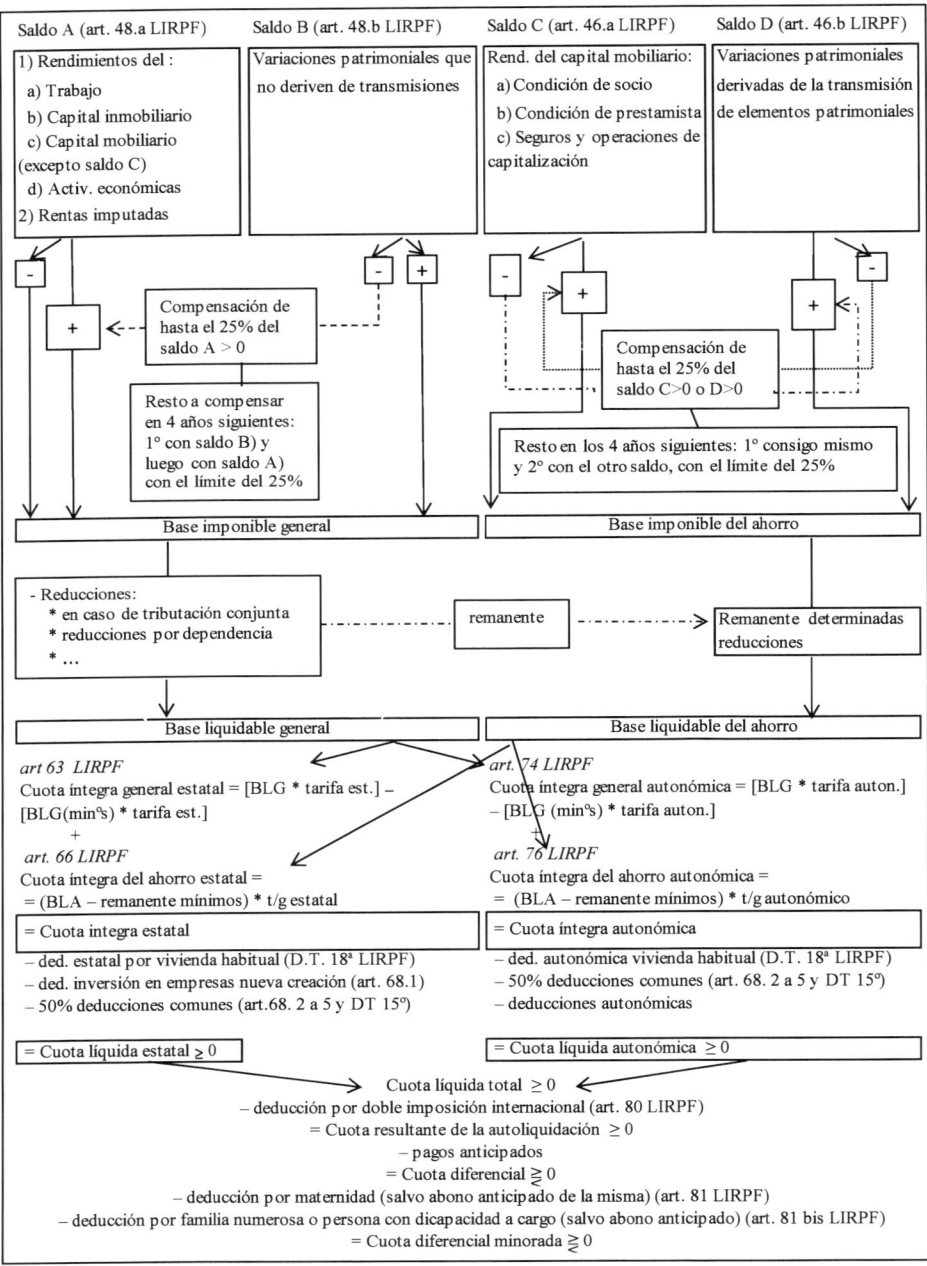

5.3. Cuestiones resueltas

Cuestión 1. Rentas no sujetas

Señale si las siguientes rentas están sujetas o no sujetas al IRPF:

a) La ganancia patrimonial puesta de manifiesto al vender la vivienda habitual.

b) La ganancia patrimonial producida al recibir doña Elena de Francia por donación de sus padres una vivienda sita en la calle Elisenda de Pinós de Barcelona.

c) La pérdida patrimonial registrada por doña Rosa de Palma al donar a su hija Elena una vivienda sita en la calle Elisenda de Pinós de Barcelona.

d) Las ganancias patrimoniales puestas de manifiesto al transmitir lucrativamente activos financieros por causa de muerte del contribuyente.

e) Cantidades percibidas por don Juan Carlos Dos Sicilias, de 77 años, de una hipoteca inversa sobre la vivienda habitual (1).

f) Los intereses que una cuenta corriente en el banco ESPAÑOL le genera a John Smith. John reside en Londres y pasa sus vacaciones de julio en Marbella.

(1) Hipoteca inversa es una operación financiera especialmente diseñada para mayores de 65 años y personas dependientes, con la que se posibilita convertir en dinero el valor patrimonial que representa la propiedad de su vivienda, sin perder la titularidad.

SOLUCIÓN

a) Sujeta. Ahora bien, está exenta siempre que la reinversión del importe obtenido se produzca, en las condiciones y requisitos establecidos reglamentariamente, en los dos años posteriores a la venta o en los dos anteriores (art. 38 LIRPF y art. 41 RIRPF).

b) No sujeta. No se someten al IRPF las rentas sujetas al Impuesto sobre Sucesiones y Donaciones (art. 6.4 LIRPF).

c) No sujeta. Según el art. 33.5 c) LIRPF, no se computan fiscalmente las pérdidas patrimoniales debidas a transmisiones lucrativas por actos *inter vivos* o a liberalidades.

d) No sujetos. No existe ganancia patrimonial en las transmisiones lucrativas por causa de muerte del contribuyente (plusvalía del muerto) (art. 33.3.b LIRPF).

e) No sujeta (D. A. 15.ª LIRPF).

f) No sujeta al IRPF, puesto que John Smith no es contribuyente de este impuesto al entenderse que no está en ninguna de las circunstancias señaladas en el art. 9 LIRPF. La renta que un no residente en España obtenga será objeto de gravamen en el IRNR (Impuesto sobre la Renta de los no Residentes).

Cuestión 2. Rentas exentas

Señale cuál de las siguientes rentas están exentas del IRPF:

a) Una indemnización como consecuencia de responsabilidad civil por daños personales, en la cuantía legal o judicialmente reconocida.

b) Una ayuda percibida por un afectado por el virus de inmunodeficiencia humana.

c) Una pensión reconocida en favor de un mutilado de la Guerra Civil 1936/1939.

d) Una indemnización por despido o cese del trabajador.

e) Una indemnización establecida en virtud de convenio laboral por un cambio en el horario de trabajo.

f) Los premios literarios, artísticos o científicos

g) Las prestaciones por desempleo.

h) El premio percibido en el concurso televisivo *Saber y Ganar.*

SOLUCIÓN

a) Exenta, según art. 7.d LIRPF y otras disposiciones.

b) Exenta, según art. 7.b LIRPF y otras disposiciones.

c) Exenta, según art. 7.c LIRPF y otras disposiciones.

d) Están exentas indemnizaciones por despido o cese del trabajador, en la cuantía establecida con carácter obligatorio en el Estatuto de los Trabajadores, en su normativa de desarrollo o, en su caso, en la normativa reguladora de la ejecución de sentencias, sin que pueda considerarse como tal la establecida en virtud de convenio, pacto o contrato (art. 7.e LIRPF). En los supuestos de despidos colectivos realizados de conformidad con lo dispuesto en el artículo 51 del Estatuto de los Trabajadores, o producidos por las causas previstas en la letra c) del artículo 52 del citado Estatuto, siempre que, en ambos casos, se deban a causas económicas, técnicas, organizativas, de producción o por fuerza mayor, quedará exenta la parte de indemnización percibida que no supere los límites establecidos con carácter obligatorio en el mencionado Estatuto para el despido improcedente. El importe de la indemnización exenta tendrá como límite la cantidad de 180.000 euros.

e) No se considera amparada por la exención del art. 7.e LIRPF. Está sujeta al IRPF y debe declararse.

f) La exención debe ser declarada de forma expresa por el órgano competente de la Administración Tributaria, siempre que se cumplan una serie de requisitos (art. 7.l LIRPF y art. 3 RIRPF). La declaración de la exención tendrá validez para sucesivas convocatorias siempre que estas no modifiquen los términos que motivaron la concesión de la exención. También, están exentos los premios

Princesa de Asturias, en sus distintas modalidades, otorgados por la Fundación Princesa de Asturias.

g) Solo las percibidas en la modalidad de pago único establecida en el Real Decreto 1044/1985, siempre que las cantidades percibidas se destinen a las finalidades y en los casos previstos en la citada norma (art. 7.n LIRPF). La exención está condicionada al mantenimiento de la acción o participación durante el plazo de cinco años, en el supuesto de que el contribuyente se hubiera integrado en sociedades laborales o cooperativas de trabajo asociado o hubiera realizado una aportación al capital social de una entidad mercantil, o al mantenimiento, durante idéntico plazo, de la actividad, en el caso del trabajador autónomo.

h) No exento (art. 7 LIRPF).

Cuestión 3. Tributación familiar

El matrimonio formado por Estela y José convive con su hijo José María, menor de edad. El 27 de abril del año 2025, fallece Estela. Determinar el período impositivo y formas de tributación de los distintos miembros de la familia.

SOLUCIÓN

Según el art. 82.1 LIRPF, los miembros de la familia pueden optar por tributar de la siguiente forma:

  I. Tributación individual.

– Declaración individual de Estela hasta el 27 de abril de 2025 (período impositivo inferior al año natural).

– Declaración individual de José con período impositivo igual al año natural.

– Declaración individual de José María con período impositivo igual al año natural.

  II. Tributación individual y conjunta.

– Declaración individual de Estela hasta el 27 de abril de 2025 (período impositivo inferior al año natural).

– Declaración conjunta de los restantes miembros de la unidad familiar (José y José María) con período impositivo igual al año natural.

Cuestión 4. Tributación familiar y obligación de declarar

La pareja de hecho formada por Florentino Bernabéu y Sandro Gamper tiene tres hijos comunes (Joan, Xavier y Enric) que conviven con ellos y cuyas edades son 18, 12 y 6 años, respectivamente. Enric ha obtenido 4.050 € de rendimientos del capital mobiliario procedentes de una cartera de valores donada por su abuela Bibiana. Los restantes hijos no han obtenido rentas en el ejercicio. Determinar las formas de tributación de los miembros de esa familia.

SOLUCIÓN

Según el art. 82 LIRPF, los miembros de la familia pueden optar por tributar de la siguiente forma:

I. Tributación individual.
    – Declaración individual de Florentino Bernabéu.
    – Declaración individual de Sandro Gamper.
    – Declaración individual de Enric Bernabéu Gamper por los 4.050 € procedentes del capital mobiliario. Tiene obligación de declarar porque se supera el umbral de 1.600 € para este tipo de rentas (art. 96 LIRPF).
    – Joan y Xavier no han obtenido rentas y, en consecuencia, no presentarán declaración por el IRPF.
II. Tributación conjunta.
    Tributación conjunta de Florentino o Sandro con Xavier y Enric, hijos menores de edad, y tributación individual del otro progenitor. Al no existir vínculo matrimonial entre los padres, la unidad familiar pueden formarla, a su elección, Florentino o Sandro con los dos hijos menores de edad (Xavier y Enric), sin que sea posible, a efectos fiscales, que ambos progenitores con los citados hijos formen una única unidad familiar (Nota: Aunque Joan no forma parte de la unidad familiar por ser mayor de edad, no significa que no pueda dar derecho a sus padres a un mínimo por descendientes, siempre que se cumplan los requisitos recogidos en los arts. 58 y 61 LIRPF).

Cuestión 5. Tributación familiar

El matrimonio compuesto por Cristóbal Bardem y Penélope Landa, de 50 y 48 años de edad, respectivamente, tiene tres hijos con los que convive. Adolfo, de 26 años, incapacitado judicialmente y sujeto a patria potestad prorrogada; José Luis, que tiene 14 años, y José María, de 11 años. Ninguno de los hijos ha obtenido rentas, excluidas las exentas, superiores a 8.000 € anuales, ni ha presentado declaración del IRPF. Determinar las formas de tributación de los miembros de la familia.

SOLUCIÓN

Según el art. 82 LIRPF, los miembros de la unidad familiar (en este caso, el matrimonio y los tres hijos) pueden optar por tributar de la siguiente forma:

I. Tributación individual.
   – Declaración individual de Cristóbal Bardem.
   – Declaración individual de Penélope Landa.
   – Declaración individual de los hijos (Adolfo, José Luis y José María), si obtuvieran rentas.
II. Tributación conjunta.
   – De Cristóbal Bardem, Penélope Landa y de sus tres hijos (Adolfo tiene 26 años, pero, al estar incapacitado judicialmente, puede formar parte de la unidad familiar de sus padres).

Cuestión 6. Individualización de rentas

Adolfo Brey, casado con Elvira Balboa, es director general de MONCLOVITA, S. A., empresa que le proporciona una vivienda, con un valor catastral no revisado de 252.000 €, en la que viven ambos cónyuges y sus dos hijos. Determine quién o quiénes deben declarar el rendimiento de la vivienda.

SOLUCIÓN

Se trata, según el art. 17.1 LIRPF, de rendimientos íntegros del trabajo (contraprestaciones o utilidades, cualquiera que sea su denominación o naturaleza, dinerarias o en especie, que deriven, directa o indirectamente, del trabajo personal o de la relación laboral o estatutaria y no tengan el carácter de rendimientos de actividades económicas). En consecuencia, se atribuyen exclusivamente a Adolfo, quien ha generado el derecho a su percepción.

Cuestión 7. Individualización de rentas

Doña Angustias del Cuello y don Gil Pollo están casados en régimen de consorcio conyugal aragonés y realizan declaración individual del IRPF. A partir de la información que se facilita, determine quién declarará los siguientes rendimientos:

a) Los procedentes de la vivienda habitual, adquirida con carácter ganancial.

b) El alquiler de un inmueble, privativo del señor Pollo, a Anna Pavlova, bailarina de ballet.

c) Los derivados del apartamento en Peñíscola que utilizan para las vacaciones de verano y que doña Angustias heredó de su tía Dolores.

d) 1.854 € procedentes de los dividendos de ADOQUINE, S. A., cuyas acciones adquirieron doña Angustias y don Gil el día de sus respectivas despedidas de solteros.

e) Los derechos de autor que don Gil Pollo percibe de su padre, don Cayo José Pollo, famoso escritor gallego fallecido en 2002.

SOLUCIÓN

a) La vivienda habitual de los contribuyentes no da lugar a imputación de rentas inmobiliarias (art. 85 LIRPF).

b) Los rendimientos del capital se atribuirán a los contribuyentes que sean titulares de los elementos patrimoniales, bienes o derechos, de que provengan dichos rendimientos según las normas sobre titularidad jurídica aplicables en cada caso y en función de las pruebas aportadas por aquellos o de las descubiertas por la Administración (art. 11.3 LIPRF). Por lo tanto, este alquiler ha de declararlo don Gil Pollo (sin perjuicio de la reducción contemplada para los rendimientos netos procedentes del alquiler de viviendas en el art. 23.2 LIRPF).

c) El apartamento en Peñíscola es privativo de doña Angustias. La renta imputada, según el art. 85 de LIRPF, la declarará doña Angustias.

d) Al adquirir las acciones antes del matrimonio, son bienes privativos. En consecuencia, cada uno de ellos declarará 927 € como rendimientos íntegros del capital mobiliario (art. 11.3 LIPRF) y, si optan por la tributación conjunta, declararán los 1.854 €.

e) Debe declararlos don Gil. Según el art. 25.4 LIRPF, los rendimientos dinerarios o en especie procedentes de la propiedad intelectual cuando el contribuyente no sea el autor constituyen para el perceptor rendimientos del capital mobiliario.

Cuestión 8. Integración de rentas (base imponible)

El 1 de junio de 2025, el banco ingresa en la cuenta corriente de Rodolfo Pescanova 3.000 €, correspondientes al reembolso de una Letra del Tesoro que había adquirido un año antes por 2.500 € y por la que abonó unos gastos accesorios a la compra de 12 €. ¿Qué incidencia tiene ese ingreso en la declaración del IRPF de Rodolfo?

SOLUCIÓN

Genera un rendimiento de capital mobiliario a integrar en la base imponible del ahorro, concretamente, un rendimiento procedente de la transmisión o amortización de Letras del Tesoro (art. 25.2 LIRPF). Este se cuantifica como la diferencia entre el valor de reembolso y el de adquisición, teniendo en cuenta los gastos.

Valor de reembolso = 3.000 €.
– Valor adquisición = 2.500 + 12 = 2.512 €.
Rendimiento a integrar en la BI del ahorro, entre las rentas del art. 46.a de la LIRPF = 488 €.
No sujeto a retención, según el art. 75.3.b RIRPF.

Cuestión 9. Reducciones de la base imponible y mínimo personal y familiar

Eusebio tiene 66 años, trabaja por cuenta ajena y ha obtenido unos rendimientos netos reducidos del trabajo de 12.000 €. Su mujer, Eusebia, tiene 76 años, una minusvalía del 33% y ha percibido unos rendimientos netos reducidos del trabajo de 15.000 €.

Con ellos viven:
– Una hija común, soltera, de 24 años y con 1.000 € de renta anual.
– La madre de Eusebia, de 95 años, con minusvalía del 90% y 4.000 € de renta.
– Los padres de Eusebio: el padre tiene 86 años y una renta de 5.000 €, y la madre 84 años, una minusvalía del 33% y carece de rentas.

Se pide:
a) Determinar la unidad familiar.
b) Calcular el mínimo personal y familiar, y las reducciones de la base imponible a las que tendrán derecho Eusebio y Eusebia en su declaración del

Impuesto sobre la Renta de las Personas Físicas del año *t*. Supongamos para ello que los familiares de Eusebio y Eusebia no presentan declaración en el IRPF.

c) ¿Qué cambiaría si los familiares presentasen declaración en el IRPF?

SOLUCIÓN

a) La unidad familiar está formada por el matrimonio (Eusebio, Eusebia). La hija, al ser mayor de edad, queda fuera de la unidad familiar, y lo mismo ocurre con los ascendientes del matrimonio. En todo caso, habría que tener en cuenta que si los padres de Eusebio están casados formarán otra unidad familiar (art. 82 LIRPF).

b) Mínimo personal y familiar y reducciones de la base imponible en el caso de que los familiares no presenten declaración.

Si los familiares no presentan declaración en el IRPF (art. 61 LIRPF), las reducciones de la base imponible y el mínimo personal y familiar son los que se recogen en la siguiente tabla:

	Eusebio	Eusebia	Conjunta
Reducciones de la base imponible			
Reducción por tributación conjunta (1)			3.400
Mínimo personal y familiar			
Mínimo del contribuyente (2)	6.700	8.100	9.250
Mínimo por descendientes (3)	1.200	1.200	2.400
Mínimo por ascendientes			
> 65 años (4)	2.300	1.150	3.450
> 75 años (5)	2.800	1.400	4.200
Mínimo por discapacidad			
del contribuyente (6)		3.000	3.000
del ascendiente (7)	3.000	9.000	12.000
por gastos de asistencia (8)		3.000	3.000

Notas explicativas:

(1) Véase art. 84.2.3.º LIRPF.

(2) Eusebio, en su declaración individual, tiene derecho al mínimo general de 5.550 €, y por tener más de 65 años se le añaden 1.150 €, es decir, 6.700 € (art. 57 LIRPF).

Eusebia tendrá derecho al mínimo general de 5.550 €, más 1.150 € por tener más de 65 años, más 1.400 € por tener más de 75 años, es decir, 8.100 € (art. 57 LIRPF).

En la conjunta tienen derecho al mínimo general de 5.550 €, más 1.150 € por tener él más de 65 años, más 1.150 € por tener ella más de 65 años, más 1.400 € por tener ella más de 75 años, es decir, 9.250 € (arts. 57 y 84.2 LIRPF).

(3) La hija de 24 años da derecho al mínimo por descendientes de 2.400 €, que se han de prorratear entre los dos padres en sus declaraciones individuales, 1.200 € cada uno (arts. 58.1 y 61 LIRPF).

(4) Cada uno tiene derecho a un mínimo de 1.150 € por cada ascendiente de más de 65 años, que viva con él y no gane rentas superiores a los 8.000 €. Eusebia por su madre, 1.150 €; y Eusebio por

su madre y por su padre, 2.300 €. En la declaración conjunta se harían constar los tres ascendientes que tienen entre los dos contribuyentes, por lo tanto, 3.450 € (arts. 59 y 61 LIRPF).

(5) Como los mismos ascendientes tienen más de 75 años, cada uno genera el derecho a disfrutar de un mínimo adicional de 1.400 €. Por lo tanto, Eusebia, 1.400 € por su madre; Eusebio, 2.800 € por sus padres, y en la conjunta, 4.200 € (arts. 59 y 61 LIRPF).

(6) Eusebia tiene una discapacidad del 33%, por lo que tiene derecho a un mínimo de 3.000 €, que también disfrutará si hace la declaración conjunta con su marido (arts. 60.1, 61 y 84.2 LIRPF).

(7) Eusebio tiene a su madre discapacitada con un grado del 33%, por lo que tiene derecho a un mínimo de 3.000 €. Eusebia tiene a su madre con una discapacidad del 90%, por lo que tiene derecho a un mínimo de 9.000 €. Ambas discapacidades se tienen en cuenta en la declaración conjunta, donde figurará un mínimo de 12.000 € (arts. 60.2 y 61 LIRPF).

(8) La madre de Eusebia, al tener una discapacidad del 90% da derecho también a un mínimo en concepto de gastos de asistencia de 3.000 € (arts. 60.2 y 61 LIRPF).

c) Mínimo personal y familiar y reducciones de la base imponible en el caso de que los familiares presenten declaración.

Si los familiares presentan declaración en el IRPF, solo daría derecho a mínimo familiar quien no declarase más de 1.800 € (art. 61.2.ª LIRPF), es decir, la hija común y la madre de Eusebio.

	Eusebio	Eusebia	Conjunta
Reducciones de la base imponible			
Reducción por tributación conjunta			3.400
Mínimo personal y familiar			
Mínimo del contribuyente	6.700	8.100	9.250
Mínimo por descendientes	1.200	1.200	2.400
Mínimo por ascendientes			
> 65 años	1.150		1.150
> 75 años	1.400		1.400
Mínimo por discapacidad			
del contribuyente		3.000	3.000
del ascendiente	3.000		3.000
por gastos de asistencia			

Cuestión 10. Reducciones y deducciones de la cuota

Señale en cuál de los siguientes casos los contribuyentes podrán minorar la base imponible (reducciones) o la cuota íntegra o la cuota líquida del IRPF (deducciones):

a) El señor Domingo, de 51 años, realiza una aportación anual personal de 500 € a un plan de pensiones con una entidad financiera. Además, ha declarado como retribución en especie los 1.000 € aportados por la empresa a su nombre. Su rendimiento neto del trabajo es de 10.000 € y no ejerce ninguna actividad económica.

b) Un matrimonio que presenta declaración conjunta.

c) Pago de 3.852 € por gastos derivados de la adquisición de la vivienda habitual, el 14 de abril de 2017.

d) Un donativo de 50 € a la Fundación Ecología y Desarrollo, legalmente reconocida y que rinde cuentas al órgano del protectorado correspondiente.

e) Un donativo de 500 € a Cáritas Española, que es una entidad sin fines lucrativos.

f) El pago de 6.000 € por el alquiler de la vivienda habitual.

SOLUCIÓN

a) Las aportaciones a planes de pensiones que cumplan los requisitos del art. 51 LIRPF dan derecho a reducción de la base imponible general en el ejercicio siempre que no excedan de la menor de las dos cantidades siguientes que fija el art. 52.1 LIRPF: el 30% de la suma de los rendimientos netos del trabajo y de actividades económicas percibidos individualmente en el ejercicio y 1.500 euros anuales.

Este límite se incrementará en los siguientes supuestos, en las cuantías que se indican:

1. En 8.500 euros anuales, siempre que tal incremento provenga de contribuciones empresariales, o aportaciones del trabajador al mismo instrumento por importe inferior o igual a determinadas cantidades que dependen de la cuantía de la contribución empresarial:

Importe anual de la contribución	Aportación máxima del trabajador
≤ 500 €.	contribución empresarial por 2,5.
Entre 500,01 y 1.500 euros.	1.250 euros + 0,25 (contribución empresarial - 500 €)
Más de 1.500 euros.	contribución empresarial por 1.

No obstante, en todo caso se aplicará el multiplicador 1 cuando el trabajador obtenga en el ejercicio rendimientos íntegros del trabajo superiores a 60.000 euros procedentes de la empresa que realiza la contribución, a cuyo efecto la empresa deberá comunicar a la entidad gestora o aseguradora del instrumento de previsión social que no concurre esta circunstancia.

A estos efectos, las cantidades aportadas por la empresa que deriven de una decisión del trabajador tendrán la consideración de aportaciones del trabajador.

2. En 4.250 euros anuales, siempre que tal incremento provenga de aportaciones a los planes de pensiones sectoriales previstos en la letra a) del apartado 1 del artículo 67 del Real Decreto Legislativo 1/2002, de 29 de noviembre, por el que se aprueba el texto refundido de la Ley de Regulación de los Planes y Fondos de Pensiones, realizadas por trabajadores por cuenta propia o autónomos que se adhieran a dichos planes por razón de su actividad; aportaciones a los planes de pensiones de empleo simplificados de trabajadores por cuenta propia o autónomos previstos en la letra c) del apartado 1 del artículo 67 del Real Decreto Legislativo 1/2002, de 29 de noviembre, por el que se aprueba el texto refundido de la Ley de Regulación de los Planes y Fondos de Pensiones; o de aportaciones propias que el empresario individual o el profesional realice a planes de pensiones de empleo, de los que sea promotor y, además, partícipe o a Mutualidades de Previsión Social de las que sea mutualista, así como las que realice a planes de previsión social empresarial o seguros colectivos de dependencia de los que, a su vez, sea tomador y asegurado.

En todo caso, la cuantía máxima de reducción por aplicación de los incrementos previstos en los números 1.º y 2.º anteriores será de 8.500 euros anuales.

En este caso, el Sr. Domingo se deducirá los 1.500 euros aportados, cantidad que es inferior al al límite de reducción fijado por el art. 52.1 LIRPF: el 30% RNT (30% de 10.000 = 3.000 euros).

b) El matrimonio, si opta por tributar conjuntamente, tendrá una reducción de 3.400 € anuales, según el art. 84.2.3.º LIRPF. Primero, minora la base imponible general sin que esta pueda resultar negativa, y el remanente, si lo hubiera, minora la base imponible del ahorro que tampoco puede resultar negativa.

c) Esta deducción se suprimió con efectos de 1 de enero de 2013. No se puede deducir la cuota íntegra del IRPF por viviendas adquiridas a partir de entonces. .

d) Puede minorarse la cuota íntegra. Según el art. 68.3 LIRPF, puede deducirse el 10% de las cantidades donadas a las fundaciones legalmente reconocidas que rindan cuentas al órgano del protectorado correspondiente, así como a las asociaciones declaradas de utilidad pública a las que no sea de aplicación la Ley 49/2002, de 23 de diciembre, de régimen fiscal de las entidades sin fines lucrativos y de los incentivos fiscales al mecenazgo. La base de la deducción no podrá exceder del 10% de la base liquidable del contribuyente (art. 69.1 LIRPF).

e) Puede minorarse la cuota íntegra. De acuerdo con el art. 68.3 LIRPF, pueden aplicarse las deducciones previstas en la Ley 49/2002, de 23 de diciembre, de régimen fiscal de las entidades sin fines lucrativos y de los incentivos fiscales al mecenazgo. Según el art. 19 de esta ley, los contribuyentes del IRPF tendrán derecho a deducir de la cuota íntegra el resultado de aplicar a la base de la deducción correspondiente al conjunto de donativos, donaciones y aportaciones con derecho a deducción un 80% por los 250 primeros euros y un 40% por el resto de la cantidad donada. Si en los dos períodos impositivos inmediatos anteriores se hubieran realizado donativos, donaciones o aportaciones con derecho a deducción en favor de una misma entidad por importe igual o superior, en cada uno de ellos, al del ejercicio anterior, el porcentaje de deducción aplicable a la base de la deducción en favor de esa misma entidad que exceda de 250 euros será el 45%. La base de la deducción no podrá exceder del 10% de la base liquidable del contribuyente (art. 69.1 LIRPF).

f) En principio, no puede minorarse la cuota íntegra, al haberse suprimido el art. 68.7 LIRPF. Ahora bien, según la DT 15.ª de la LIRPF, podrán aplicar la deducción por alquiler de la vivienda habitual, los contribuyentes que hubieran celebrado un contrato de arrendamiento, con anterioridad a 1 de enero de 2015, por el que hubieran satisfecho, con anterioridad a dicha fecha, cantidades por el alquiler de su vivienda habitual. En todo caso, resultará necesario que el contribuyente hubiera tenido derecho a la deducción por alquiler de la vivienda habitual en relación con las cantidades satisfechas por el alquiler de dicha vivienda, en un período impositivo devengado con anterioridad a 1 de enero de 2013. La deducción por alquiler de la vivienda habitual se aplicará conforme a lo dispuesto en los arts. 67.1, 68.7 y 77.1 de la Ley del Impuesto, en su redacción en vigor a 31 de diciembre de 2012. Esto es, han de ser contribuyentes con base imponible inferior a 24.107,20 € anuales y podrán deducirse el 10,05% de las cantidades satisfechas, en el período impositivo por el alquiler de su vivienda habitual. La base máxima de esta deducción será:

i. Cuando la base imponible sea igual o inferior a 17.707,20 € anuales: 9.040 € anuales.

ii. Cuando la base imponible esté comprendida entre 17.707,20 y 24.107,20 € anuales: 9.040 € menos el resultado de multiplicar por 1,4125 la diferencia entre la base imponible y 17.707,20 € anuales.

5.4. Ejercicios resueltos

Ejercicio 1. Rentas del trabajo

Eliseo Elisey, de 45 años y un grado de minusvalía del 33%, está casado con Laura Castell de 40 años. Tienen dos hijos, uno de 7 y otro de 17 años, este último minusválido en grado superior al 65% y movilidad reducida. Viven en Zaragoza.

El padre de Eliseo, que tiene 60 años, una minusvalía del 35% y necesita ayuda de terceras personas, vive con ellos, cobra una pensión de 6.500 € y no presenta declaración del IRPF.

Eliseo tiene contratadas con la empresa en la que trabaja las siguientes retribuciones a percibir este año, en cuyo mes de junio va a cumplir 25 años de antigüedad en la misma:
– Retribuciones ordinarias brutas: 20.000 €.
– Premio por alcanzar los 25 años en la empresa: 1.000 €.
Supongamos que el porcentaje de retención (IRPF) que le aplican es el 4,48%. Sus cotizaciones a la Seguridad Social ascienden a 1.900 € y las cuotas sindicales a 150 €.

Además, Eliseo disfruta del uso de un vehículo que la empresa tiene alquilado y por el que paga cuotas mensuales de 1.200 €. El valor de mercado del vehículo nuevo es de 36.000 €.

La empresa ha realizado una aportación de 1.500 € a un plan de pensiones en el que Eliseo figura como partícipe.

Su esposa Laura trabaja a tiempo parcial por cuenta ajena percibiendo un sueldo bruto de 15.000 € al año. Cotiza a la Seguridad Social 800 € y no se practica retención a cuenta del IRPF.

Se pide:

Calcular los rendimientos netos reducidos del trabajo que tendrán que declarar Eliseo y Laura en el Impuesto sobre la Renta de las Personas Físicas, así como las retenciones e ingresos a cuenta que les habrán efectuado.

SOLUCIÓN

La unidad familiar la forman Eliseo, Laura y los hijos de 7 y 17 años (art. 82 LIRPF), quedando el padre de Eliseo fuera de la misma. Los integrantes de la unidad familiar pueden elegir entre hacer una declaración conjunta con las rentas de todos los integrantes o tantas declaraciones individuales como perceptores de rentas haya. En las declaraciones individuales cada renta la declarará su perceptor (art. 11 LIRPF).

El padre de Eliseo, al no presentar declaración en el IRPF, podrá dar derecho a Eliseo a una serie de mínimos familiares (art. 56 y ss. LIRPF). Como no pertenece a la unidad familiar mencionada sus rentas nunca se integrarán en la declaración conjunta del resto de sus familiares.

La determinación de los rendimientos netos del trabajo supone los siguientes cálculos:

	Eliseo	Laura	Conjunta
Rendimientos íntegros del trabajo (1)	30.022,56	15.000,00	45.022,56
Rendimiento íntegro dinerario	21.000,00	15.000,00	36.000,00
Rendimiento íntegro en especie (2)	9.022,56		9.022,56
Reducción 30% (3)	300		300
Gastos deducibles (4)	2.050,00	800	2.850,00
Seguridad Social	1.900,00	800	2.700,00
Cuota sindical	150		150
Rendimiento neto previo del trabajo	27.672,56	14.200,00	41.872,56
Otros gastos deducibles (5)	5.500,00	2.000,00	5.500,00
Rendimientos netos del trabajo	22.172,56	12.200,00	36.372,56
Reducción por obtención de rendimientos netos previos < 19.747,50 (6)	0	0	0
Rendimiento neto reducido del trabajo	22.172,56	12.200,00	36.372,56

Notas explicativas:

(1) Véase art. 17 LIRPF.

(2) El rendimiento íntegro en especie que hay que declarar en cada caso es la suma del valor retribución especie (art. 43.1 LIRPF) y del ingreso a cuenta (art. 43.2 LIRPF y art. 102 RIRPF).

RI en especie (coche) = valor de la retribución en especie del coche (el 20% del valor de mercado del vehículo si fuese nuevo) + su ingreso a cuenta = (20% 36.000) + 4,48% (20% 36.000) = 7.200 + 322,56 = 7.522,56 €.

RI en especie (plan de pensiones) = valor de la retribución en especie del plan de pensiones (el valor de la aportación efectuada) = 1.500 €. En este caso, no hay obligación de efectuar ingreso a cuenta (art. 102.2 RIRPF).

(3) Eliseo tiene derecho a la reducción del 30% del premio (art. 18 LIRPF), puesto que dicho premio es una renta que se ha generado en los 25 años que lleva trabajados y no se obtiene de forma periódica.

(4) De los gastos deducibles recogidos en el art. 19 LIRPF, ellos tienen las cotizaciones respectivas a la Seguridad Social, y Eliseo además la cuota sindical.

(5) El art. 19.2 apartado f) LIRPF contempla la deducción de 2.000 € en concepto de otros gastos, que Eliseo puede incrementar en 3.500 € por ser un trabajador en activo con una discapacidad del 33%. En la declaración conjunta estos otros gastos se aplican por declaración, en la medida en que el art. 84 establece que los importes y límites cuantitativos establecidos a efectos de la tributación

individual se aplicarán en idéntica cuantía en la tributación conjunta, sin que proceda su elevación o multiplicación en función del número de miembros de la unidad familiar.

(6) La reducción por obtención de rentas del trabajo se calcula en cada declaración en función del rendimiento neto del trabajo calculado sin tener en cuenta el importe de los otros gastos del art. 19.2 apartado f), a lo que llamaremos rendimiento neto previo del trabajo, y de las rentas distintas del trabajo de cada declaración (art. 20 LIRPF).

Eliseo no tiene derecho a la misma porque su rendimiento neto previo del trabajo supera el umbral de los 19.747,50 €.

Laura, en cambio, tiene un rendimiento neto previo del trabajo inferior a 14.852 €, por lo que le correspondería una reducción de 7.302 €. No obstante, como en los ejercicios 2, 3 y 4 (que completan la información económica sobre esta familia), veremos que Laura tiene rentas distintas del trabajo que superan los 6.500 €, por lo que tampoco tendrá derecho a la citada reducción.

En la declaración conjunta se supera también el umbral de rentas para tener derecho a la reducción del art. 20.

Las retenciones e ingresos a cuenta que les habrán practicado a efectos del IRPF serán:

	Eliseo	Laura	Conjunta
Retención (R. del trabajo) (1)	940,80	0	940,80
Ingreso a cuenta (R. del trabajo) por el vehículo (2)	322,56		322,56

Notas explicativas:

(1) Las retenciones del trabajo que se le practican a Eliseo son el 4,48% de 21.000 = 940,8 €, y a Laura nada.

(2) El ingreso a cuenta que el empresario habrá efectuado por el vehículo habrá sido del 4,48% del valor de retribución en especie = 4,48% (20% 36.000) = 322,56 €, y le corresponde a Eliseo.

Ejercicio 2. Rentas del capital y rentas imputadas inmobiliarias

La familia del ejercicio 1 reside en un piso alquilado desde hace 8 años. Paga un alquiler de 300 €/mensuales. El matrimonio (Eliseo y Laura) es propietario de un apartamento en la montaña adquirido hace 8 años por 60.000 € y que ha terminado de pagar este año, abonando los últimos 3.000 €. Además, ha pagado gastos de registro, notaría, etc., por importe de 1.500 €. El valor catastral del apartamento, revisado hace cuatro años, es de 40.000 €, pagando por el Impuesto sobre Bienes Inmuebles (IBI) 300 €.

El matrimonio es propietario de un local que tiene arrendado a la empresa BETA, S. A. por 1.500 € mensuales, habiendo satisfecho 500 € en concepto de IBI. El valor de adquisición (gastos incluidos) es de 90.000 € y su valor catastral de 55.000 €, de los que 20.000 corresponden al suelo.

El matrimonio es titular de una cuenta de ahorro en la que, a lo largo del mes de junio, le han sido abonados 162 € en concepto de intereses, una vez realizadas las oportunas retenciones del 19%. Además, en mayo, ha generado el derecho a percibir en concepto de dividendos la cantidad de 4.000 € brutos, que han soportado la correspondiente retención, y ha tenido unos gastos de administración y depósito por los valores negociables de 60 €.

Se pide:

Determinar los rendimientos netos del capital mobiliario e inmobiliario y las rentas inmobiliarias imputadas que tendrán que declarar Eliseo y Laura en el Impuesto sobre la Renta de las Personas Físicas. Indique asimismo las retenciones que les habrán efectuado por cada uno de estos rendimientos.

SOLUCIÓN

	Eliseo	Laura	Conjunta
Renta imputada inmobiliaria (apartamento montaña) (1)	220	220	440
Rendimiento íntegro del capital inmobiliario (2)	9.000,00	9.000,00	18.000,00
Gastos deducibles (3)	1.109,09	1.109,09	2.218,18
IBI	250,00	250,00	500,00
Amortización (4)	859,09	859,09	1.718,18
Rendimiento neto del capital inmobiliario	7.890,91	7.890,91	15.781,82
Reducción por arrendamiento de vivienda (5)			
Reducción del 30% (6)			
Rendimiento neto reducido del capital inmobiliario (local)	7.890,91	7.890,91	15.781,82
Rendimiento íntegro del capital mobiliario	2.100,00	2.100,00	4.200,00
Intereses brutos (7)	100,00	100,00	200,00
Dividendos brutos (8)	2.000,00	2.000	4.000,00
Gastos deducibles (9)	30,00	30	60,00
Gastos de administración y depósito	30,00	30	60,00
Rendimiento neto del capital mobiliario	2.070,00	2.070,00	4.140,00

Notas explicativas:

(1) Por el apartamento en la montaña, tienen que declarar una renta imputada. Esta se calcula como un porcentaje del valor catastral. El porcentaje depende de cuándo haya sido revisado el valor catastral (art. 85 LIRPF). En este caso, el porcentaje a tener en cuenta es el 1,1%.

Es decir, que en la tributación conjunta declararán el 1,1% de 40.000 = 440 €. En las individuales cada uno declarará la mitad, puesto que el bien es de ambos a partes iguales.

(2) El alquiler que genera el local tributa como renta del capital inmobiliario y debe declararlo el titular del inmueble (arts. 11 y 22 LIRPF).

(3) Véase art. 23.1 LIRPF.

(4) El gasto deducible en concepto de amortización es el 3% del mayor entre el valor de adquisición y el valor catastral, excluido el suelo.

Si no se conoce la parte del valor de adquisición que corresponde al suelo, se le asigna el mismo peso que el suelo tenga en el valor catastral (art. 14.2.a.2.º párrafo RIRPF), por lo tanto, el importe deducible en concepto de amortización es el 3% del valor de adquisición, suelo excluido = 3% 90.000 (35.000/55.000) = 1.718,18 €.

(5) La reducción por arrendamiento de vivienda no procede, puesto que no se trata de una vivienda (art. 23.2 LIRPF).

(6) La reducción del 30% no aplica, puesto que no se trata de rentas irregulares ni generadas en más de dos años (art. 23.3 LIRPF).

(7) Los intereses deben declararse por su importe íntegro o bruto (art. 25.2 LIRPF). Como proporcionan el interés neto (es decir, una vez efectuada la retención del 19%), hay que elevarlo al íntegro. Interés neto = (100% – retención del 19%) del interés íntegro = 81% interés íntegro. El interés íntegro es de 200 €, que tendrán que declarar a medias en las declaraciones individuales, puesto que la cuenta es común.

(8) Los dividendos deben declararse por su importe bruto (art. 25.1 LIRPF).

(9) Véase art. 26.1.a LIRPF.

Las retenciones e ingresos a cuenta que les habrán practicado a efectos del IRPF serán:

	Eliseo	Laura	Conjunta
Retención (R. del capital inmobiliario) (1)	1.710	1.710	3.420
Retenciones (R. del capital mobiliario) (2)	399	399	798

Notas explicativas:

(1) Como el local se cede en alquiler a una empresa, esta efectuará una retención del 19% del alquiler (art. 101.8 y D.A. 31ª.3 LIRPF y art. 100 RIRPF) = 19% 18.000 = 3.420 €.

(2) Los intereses y dividendos sufren una retención en la fuente del 19% (art. 90 RIRPF). La retención es, por lo tanto, del 19% (4.000 + 200) = 798 €.

Ejercicio 3. Rentas de las actividades económicas

Laura Castell, la señora del ejercicio 1, es también médico. Ejerce dicha actividad (Agrupación 83 del IAE) en una consulta privada situada en un local adquirido por el matrimonio y afecto a la actividad, en la que atiende a una gran variedad de pacientes (particulares). Según los datos que constan en sus libros y registros, los ingresos y gastos del ejercicio son los siguientes (expresados en €):

Concepto	Cantidad
Honorarios por prestación de servicios	124.000
Ingresos por conferencias y publicaciones	10.000
Sueldos y salarios (correspondientes a 1 trabajador a jornada completa que tiene desde el inicio de la actividad hace 6 años)	16.800
Seguridad Social a cargo de la empresa	5.900
Compras de material sanitario	18.000
Intereses pagados por préstamos obtenidos para la actividad	1.100
Impuesto sobre Bienes Inmuebles (local afecto a la actividad)	1.000
IVA soportado no deducible por operaciones corrientes	1.500

Asistencia al IV Congreso Médico	1.000
Adquisición de libros y revistas médicas	1.200
Gas, agua y electricidad	10.600
Reparaciones y conservación	3.700
Recibo de comunidad (local afecto a la actividad)	1.600
Comidas con amigas	500

El local se adquirió hace 6 años por 100.000 €, de los que 30.000 correspondían al suelo. Además figura entre los gastos la amortización del local, que se decide llevar a cabo lo más rápidamente posible.

Las existencias iniciales de material sanitario ascendían a 13.000 €, siendo las finales de 16.000 €. Ha efectuado pagos fraccionados en el ejercicio por importe de 15.000 €.

Se pide:

Calcular el rendimiento neto de la actividad económica que tendrá que declarar doña Laura en el Impuesto sobre la Renta de las Personas Físicas en los siguientes casos:

a) Si su cifra de negocios el año anterior ascendió a 700.000 €.

b) Si su cifra de negocios no ha superado ninguno de los años anteriores los 600.000 €.

SOLUCIÓN

En las declaraciones individuales, cada uno debe declarar los rendimientos de las actividades económicas que lleve a cabo de manera habitual, personal y directa, por lo tanto, la renta que genera Laura con el ejercicio de su actividad económica debe declararla ella (art. 11.4 LIRPF).

a) Si su cifra de negocios el año anterior ascendió a 700.000 €, queda excluida del método de estimación directa simplificada y debe estimar sus rentas de la actividad económica por el método de estimación directa normal.

Concepto	Laura	Conjunta
Rendimiento íntegro de la actividad económica	134.000	134.000
Honorarios por prestación de servicios	124.000	124.000
Ingresos por conferencias y publicaciones	10.000	10.000
Gastos (1)	62.200	62.200
Sueldos y salarios (1 trabajador)	16.800	16.800
Seguridad Social a cargo de la empresa	5.900	5.900
Consumo material sanitario (2)	15.000	15.000

Intereses pagados por préstamos para la actividad	1.100	1.100
IBI (local afecto a la actividad)	1.000	1.000
IVA soportado no deducible en IVA (3)	1.500	1.500
Asistencia al IV Congreso médico	1.000	1.000
Adquisición de libros y revistas médicas	1.200	1.200
Gas, agua y electricidad	10.600	10.600
Reparaciones y conservación	3.700	3.700
Recibo de comunidad (local afecto a la actividad)	1.600	1.600
Amortización del local (4)	2.800	2.800
Comida con amigas (5)		
Rendimiento neto	71.800	71.800
Reducción del 30% (6)		
Rendimiento neto reducido	71.800	71.800
Reducción del art. 32.2.1.º LIRPF (7)		
Reducción del art. 32.2.3.º LIRPF (8)		
Reducción por inicio de actividad (9)		
Rendimiento neto reducido a declarar	71.800	71.800

Notas explicativas:

(1) Véase arts. 28 a 30 LIRPF.

(2) El gasto deducible de material sanitario es el material consumido en el ejercicio y no el comprado, por lo que, para determinarlo, habrá que hacer la siguiente operación = existencias iniciales + compras − existencias finales = 13.000 + 18.000 − 16.000 = 15.000 €.

(3) El IVA soportado por el médico en operaciones corrientes y que no se puede deducir en el IVA (por realizar operaciones exentas) es deducible en el IRPF y en el IS. El IVA soportado en la adquisición de elementos de inmovilizado afecto, y que no sea deducible en IVA, deberá integrarse como mayor valor de adquisición del bien y, por lo tanto, su consideración como gasto en el IRPF se efectuará a través de las correspondientes amortizaciones.

(4) El local se entiende afecto aunque sea común del matrimonio por el art. 29.3 LIRPF. El gasto en concepto de amortización será el del 2% (máximo permitido en tablas) de 70.000 € (valor de adquisición, suelo excluido) por 2 (art. 103 de la LIS). El art. 103 LIS resulta de aplicación por ser empresa de reducida dimensión, ya que su cifra de negocios el año anterior fue inferior a 10.000.000 €.

(5) El gasto de comidas con amigas no está relacionado con la actividad. Se trata de una liberalidad (art. 15 LIS) y no es deducible.

(6) No es aplicable la reducción del 30% (art. 32.1 LIRPF) porque no declara rentas irregulares.

(7) No procede la reducción del art. 32.2.1.º LIRPF porque no se cumplen los requisitos del art. 32.2.2.º, ya que trabaja para muchos pacientes.

(8) No es aplicable porque su renta no es inferior a 12.000 €

(9) La reducción por inicio de actividad (art. 32.3 LIRPF) no procede, al no tratarse de un inicio de actividad.

Los pagos fraccionados que habrá efectuado serán los siguientes:

	Laura	Conjunta
Pagos fraccionados	15.000	15.000

b) Si su cifra de negocios el año anterior no superó los 600.000 €, debe utilizar el método de estimación directa simplificada. Suponemos que no renuncia a este método.

Concepto	Laura	Conjunta
Rendimiento íntegro de la actividad económica	134.000	134.000
Honorarios por prestación de servicios	124.000	124.000
Ingresos por conferencias y publicaciones	10.000	10.000
Gastos deducibles excepto gastos por provisiones (1)	63.600	63.600
Sueldos y salarios (1 trabajador)	16.800	16.800
Seguridad Social	5.900	5.900
Consumo material sanitario	15.000	15.000
Intereses pagados por préstamos para la actividad	1.100	1.100
IBI (local afecto a la actividad)	1.000	1.000
IVA soportado no deducible en IVA	1.500	1.500
Asistencia al IV Congreso médico	1.000	1.000
Adquisición de libros y revistas médicas	1.200	1.200
Gas, agua y electricidad	10.600	10.600
Reparaciones y conservación	3.700	3.700
Recibo de comunidad (local afecto a la actividad)	1.600	1.600
Amortización del local (2)	4.200	4.200
Comida con amigas		
Gastos por provisiones deducibles y gastos difícil justificación (3)	2.000	2.000
Rendimiento neto	68.400	68.400
Reducción del 30%		
Rendimiento neto reducido	68.400	68.400
Reducción del art. 32.2.1.º LIRPF (4)		
Reducción del art. 32.2.3.º LIRPF		
Reducción por inicio de actividad		
Rendimiento neto reducido a declarar	68.400	68.400

Notas explicativas:

(1) Véanse los arts. 28 a 30 LIRPF y art. 30 RIRPF.

(2) El gasto en concepto de amortización será el 3% (máximo permitido en las tablas de amortización de la estimación directa simplificada) de 70.000 (valor de adquisición, suelo excluido) por 2 (art. 101 y 103 LIS).

(3) En el método de estimación directa simplificada el gasto en concepto de provisiones y gastos de difícil justificación se calcula como el 5% de la diferencia entre los rendimientos íntegros y el resto

de gastos deducibles, con el límite de 2.000 € (art. 30.2.4.º LIRPF). En este caso, el 5% (134.000 – 63.600) = 3.520 €. Por lo tanto, opera el límite de 2.000 €.

(4) Esta reducción es incompatible con la del 5%, en concepto de gastos por provisiones y gastos de difícil justificación, aunque en este caso no se tiene derecho a ella.

Ejercicio 4. Variaciones patrimoniales

D. Eliseo, el mismo del ejercicio 1, ha vendido, en junio de este año, por 2.020 € unas acciones cotizadas en Bolsa que había adquirido en noviembre del año pasado por 990 €. En la operación de venta le han cobrado una comisión de 20 € y en la de compra le cobraron una comisión de 10 €. Estos valores son bienes privativos de Eliseo.

Dña. Laura, la del ejercicio 1, ha vendido por 1.000 € en octubre de este año unas acciones cotizadas en Bolsa que había adquirido hace 9 años por 750 €. Estos valores son bienes privativos de doña Laura. No le han cobrado comisiones por las operaciones de compraventa.

Laura, también, ha vendido el 1 de enero de este año un aparato oftalmológico que venía utilizando en su actividad económica por 30.625 €. Dicho equipo lo adquirió el 1 de enero de 2022 por 37.500 € y lo amortiza un 15% cada año.

Se pide:

Determinar las ganancias o pérdidas patrimoniales a declarar por Eliseo y Laura en el Impuesto sobre la Renta de las Personas Físicas.

SOLUCIÓN

Las rentas procedentes de las variaciones patrimoniales que derivan de transmisiones debe declararlas el titular del bien que se transmite (art. 11.5 LIRPF).

Cálculo de las variaciones patrimoniales a declarar:

Concepto	Eliseo	Laura	Conjunta
Valor de transmisión de las acciones (1)	2.000,00		2.000,00
Importe de la venta	2.020,00		2.020,00
Gastos venta (comisiones)	20,00		20,00
Valor de adquisición (2)	1.000,00		1.000,00
Importe de la compra	990,00		990,00
Gastos compra (comisiones)	10,00		10,00
Ganancia patrimonial (3)	1.000,00		1.000,00
Reducción (4)			
Ganancia patrimonial acciones (5)	1.000,00		1.000,00

Valor de transmisión de las acciones (1)	1.000,00	1.000,00
Valor de adquisición (2)	750,00	750,00
Ganancia patrimonial (3)	250,00	250,00
Reducción (4)		
Ganancia patrimonial acciones (5)	250,00	250,00
Valor de transmisión (aparato oftalmológico)	30.625,00	30.625,00
Valor de adquisición	20.625,00	20.625,00
Importe de la compra	37.500,00	37.500,00
Amortización acumulada (6)	16.875,00	16.875,00
amortización 2022	5.625,00	5.625,00
amortización 2023	5.625,00	5.625,00
amortización 2024	5.625,00	5.625,00
amortización 2025	0	0
Ganancia patrimonial (3)	10.000,00	10.000,00
Reducción (7)		
Ganancia patrimonial aparato oftalmológico (5)	10.000,00	10.000,00

Notas explicativas:

(1) El valor de transmisión de las acciones es el importe por el que se venden en Bolsa menos los gastos que ocasiona la venta (arts. 35.2 y 37.1-a LIRPF).

(2) El valor de adquisición está formado por el importe real de la compra más el coste de las inversiones y mejoras, más los gastos y tributos inherentes a la adquisición menos las amortizaciones (arts. 35.2 y 37.1-a LIRPF). En este caso, no hay inversiones, ni mejoras, ni las acciones se han amortizado.

(3) La ganancia patrimonial se calcula como la diferencia entre los valores de transmisión y de adquisición (art. 34.1-a) LIRPF).

(4) En este caso, no es aplicable la reducción recogida en la D. T. 9.ª LIRPF, ya que las acciones se adquirieron con posterioridad al 31 de diciembre de 1994.

(5) Esta ganancia patrimonial, al proceder de una transmisión, tributará en la base imponible del ahorro (art. 49.b LIRPF).

(6) El aparato oftalmológico se ha amortizado el tiempo que ha estado afecto (tres años) a razón de un 15% anual (se ha considerado el coeficiente máximo según tablas: equipos médicos y asimilados).

Cada año (2022, 2023 y 2024) se amortiza un 15% 37.500 = 5.625 €, y el año de la venta, 2025, nada, porque se vende el 1 de enero.

(7) No procede la reducción (D. T. 9.ª LIRPF) por tratarse de un bien afecto y haberse comprado con posterioridad al 31 de diciembre de 1994.

Ejercicio 5. Integración y compensación de rentas

Durante los años 2025 y 2026, el Sr. Castelgandolfo obtiene las siguientes rentas:

Concepto	2025	2026
Rendimiento neto del trabajo	24.000	18.000
Rendimiento neto del capital mobiliario (intereses)	1.800	3.000
Rendimiento neto reducido de actividades económicas	−18.000	−21.000
Imputaciones de rentas inmobiliarias	4.200	4.800
Ganancia patrimonial (no derivada de transmisión)	6.000	12.000
Pérdida patrimonial (no derivada de transmisión)	−12.000	−10.000
Ganancia patrimonial generada en, al menos, un año (transmisiones)	3.000	18.000
Pérdida patrimonial generada en, al menos, un año (transmisiones)	−6.000	−10.000
Ganancia patrimonial generada en menos de un año (transmisiones)	1.000	11.000
Pérdida patrimonial generada en menos de un año (transmisiones)	0	−13.000

Se pide:

Calcular la base imponible general y la base imponible del ahorro del Sr. Castelgandolfo en el Impuesto sobre la Renta de las Personas Físicas:

a) En el año 2025.
b) En el año 2026, suponiendo que no cambie la legislación.

SOLUCIÓN

Para calcular las bases imponibles general y del ahorro hay que:

I. Calificar cada renta como renta general o renta del ahorro y determinar a qué saldo pertenece:
 − Saldo A, en el que se incluyen las rentas del art. 48.a LIRPF.
 − Saldo B, en el que se incluyen las rentas del art. 48.b LIRPF.
 − Saldo C, en el que se incluyen las rentas del art. 46.a LIRPF.
 − Saldo D, en el que se incluyen las rentas del art. 46.b LIRPF.
 De esta manera:
 − La base imponible general (art. 48 LIRPF) = saldo A (art. 48.a LIRPF) + saldo B positivo (art. 48.b LIRPF).
 − La base imponible del ahorro (art. 49 LIRPF) = saldo C positivo (art. 46.a LIRPF) + saldo D positivo (art. 46.b LIRPF).

II. Si alguno de estos saldos es negativo, hay que aplicar el mecanismo de integración y compensación de rentas fijado en los arts. 48 y 49 LIRPF.

a) En el año 2025

I. Se integra cada renta en el saldo en el que va a tributar (según los arts. 45 a 49 LIRPF), determinando los saldos A, B, C y D.

SALDO A (rentas del art. 48.a LIRPF)

R. trabajo	24.000
R. capital inmobiliario	
R. capital mobiliario (excepto saldo C)	
R. actividades económicas	−18.000
Imputaciones de renta	4.200
TOTAL SALDO A	10.200

SALDO B (rentas del art. 48.b LIRPF)

Variaciones patrimoniales no derivadas de transmisiones	
* Ganancias	6.000
* Pérdidas	−12.000
TOTAL SALDO B	−6.000

SALDO C (rentas del art. 46.a LIRPF)

R. capital mobiliario (intereses y dividendos)	1.800
TOTAL SALDO C	1.800

SALDO D (rentas del art. 46.b LIRPF)

Variaciones patrimoniales derivadas de transmisiones:	
* Ganancias	4.000
* Pérdidas	−6.000
TOTAL SALDO D	−2.000

II. Se aplica el mecanismo de integración y compensación de rentas fijado en los arts. 48 y 49 LIRPF.

Si fueran positivos, el saldo A más el saldo B sería la base imponible general y el saldo C más el saldo D la base imponible del ahorro. Sin embargo, tanto el saldo B como el saldo D son negativos, por lo que se ha de aplicar el mecanismo de integración y compensación de rentas fijado en los arts. 48 y 49 LIRPF.

• El saldo negativo B (−6.000 €) se ha de compensar con el saldo positivo A (el máximo es el 25% del saldo A). En consecuencia, se compensan 2.550 € y el saldo A queda reducido a 7.650 €.

De esta manera, la base imponible general será 7.650 €.

El saldo B negativo no compensado (3.450 €) queda pendiente para compensar en los cuatro ejercicios siguientes.

• El saldo negativo D (–2.000 €) se ha de compensar con el saldo positivo C (el máximo es el 25% del saldo C). En este caso, se compensan 450 € y el saldo C queda reducido a 1.350 €.

De esta manera, la base imponible del ahorro será 1.350 €.

El saldo D negativo no compensado (1.550 €) queda pendiente para compensar en los cuatro ejercicios siguientes.

Por tanto, el Sr. Castelgandolfo declarará el año 2025 una:
– Base imponible general = 7.650 €.
– Base imponible del ahorro = 1.350 €.

b) En el año 2026

Se opera igual que antes, es decir, cada renta hay que clasificarla, primero, como renta general o renta del ahorro, e integrarla en cada uno de los cuatro saldos A, B, C y D. Después, hay que aplicar el mecanismo de integración y compensación de rentas fijado en los arts. 48 y 49 LIRPF, teniendo en cuenta que, el año anterior, quedó pendiente por compensar una renta negativa de –3.450 € de un saldo B y otra de –1.550 € de un saldo D. Es decir:

I. Se determinan los cuatro saldos

SALDO A (rentas del art. 48.a LIRPF)

R. trabajo	18.000
R. capital inmobiliario	
R. capital mobiliario (excepto las de C)	
R. actividades económicas	−21.000
Imputaciones de renta	4.800
TOTAL SALDO A	1.800

SALDO B (rentas del art. 48.b LIRPF)

Variaciones patrimoniales no derivadas de transmisiones	
* Ganancias	12.000
* Pérdidas	−10.000
TOTAL SALDO B	2.000

SALDO C (rentas del art. 46.a LIRPF)

R. Capital mobiliario (intereses y dividendos)	3.000
TOTAL SALDO C	3.000

SALDO D (rentas del art. 46.b LIRPF)

Variaciones patrimoniales derivadas de transmisiones:	
* Ganancias	29.000
* Pérdidas	−23.000
TOTAL SALDO D	6.000

II. Se aplica el mecanismo de integración y compensación de rentas fijado en los arts. 48 y 49 LIRPF

● Por un lado, hay que tener en cuenta que queda por compensar un saldo B negativo de 3.450 € del año anterior, y que 2026 es el primer ejercicio en el que puede compensarse. El saldo negativo hay que compensarlo primero con el saldo B positivo de 2026. Como aún queda renta por compensar, se compensa con el saldo A positivo de este ejercicio, con el límite del 25% (25% 1.800 € = 450 €) y el saldo A de 2026 queda en 1.350 €.

De esta forma, la base imponible general estará integrada por los 1.350 € del saldo A.

Quedará por compensar un saldo B negativo del año anterior por importe de 1.000 € (3.450 € – 2.000 € – 450 € = 1.000 €), que podrá utilizarse en los tres ejercicios siguientes.

● Por el otro lado, hay un saldo D negativo de 1.550 € del año 2025, que en 2026 es el primer ejercicio en el que puede compensarse.

El saldo negativo hay que compensarlo, primero, con el saldo D positivo de 2026 y lo no empleado con el saldo C (con el límite del 25% del saldo positivo C). En este caso, se compensa todo con D, y el saldo D queda en 4.450 € (6.000 € – 1.550 € = 4.450 €).

De esta forma, la base imponible del ahorro estará integrada por los 3.000 € del saldo C y los 4.450 € del saldo D, esto es, 7.450 €.

Ejercicio 6. Deducciones de la cuota

Iker y Sara están casados y cada uno tiene una base imponible en el IRPF de 20.000 €. Si hacen declaración conjunta, su base imponible conjunta asciende a 44.152 €.

Se pide:

Calcular las deducciones de la cuota íntegra del IRPF a las que tendrán derecho Iker y Sara, con arreglo a lo dispuesto en la D. T. 18.ª LIRPF (independientemente de los porcentajes de deducción que conforme a lo dispuesto en la Ley 22/2009 hayan sido aprobados por la Comunidad Autónoma), en los siguientes supuestos:

a) Este año destinan, entre los dos, al pago de su vivienda habitual 14.000 €. Compraron dicho piso en diciembre del año 2012.

b) La misma situación que en el apartado a), pero suponga que el piso fue adquirido en enero de 2013.

c) Viven de alquiler pagando al año al propietario del inmueble 14.000 €.

SOLUCIÓN

a) Si el piso en el que viven es de su propiedad y se adquirió en 2012, tendrán derecho a una deducción en la cuota por inversión en vivienda habitual (D. T. 18.ª LIRPF).

La deducción será de un 15% de la inversión satisfecha en el ejercicio para el pago de la vivienda habitual; en la parte estatal de la cuota tienen derecho a una deducción del 7,5% de la inversión y en la parte autonómica (obviando los porcentajes de deducción que, conforme a lo dispuesto en la Ley 22/2009, hayan sido aprobados por la Comunidad Autónoma) a otro 7,5%.

La inversión que da derecho a la deducción tiene un límite máximo por declaración de 9.040 €, que opera en el caso de declaración conjunta. La deducción es en este caso del 15% de 9.040 = 1.356 €.

En el caso de declaraciones individuales, la inversión individual imputable a cada uno es de 7.000 €, que respeta el límite de 9.040 €. La deducción es del 15% de 7.000 € = 1.050 € para cada uno.

	Iker	Sara	Conjunta
Deducción por inversión en vivienda habitual	1.050	1.050	1.356

b) Si el piso en el que viven es de su propiedad y se adquirió en 2013, no tienen derecho a la deducción por inversión en vivienda habitual, ya que esta se elimina para las viviendas adquiridas a partir del 1 de enero de 2013 (D. T. 18.ª LIRPF).

c) Si el piso en el que viven es de alquiler, tienen derecho a una deducción por alquiler de la vivienda habitual (D. T. 15.ª LIRF) del 10,05% del alquiler satisfecho en el ejercicio. Para tener derecho a esta deducción es necesario que la base imponible sea inferior a 24.107,20 € y que se hubiera tenido derecho a esta deducción antes de 2015.

El alquiler que da derecho a la deducción tiene un límite que depende de la base imponible, de manera que:

– En el caso de declaración individual, como la base imponible de cada uno es de 20.000 €, el alquiler que dará derecho a deducción será de 9.040 – 1,4125 * (20.000 – 17.707,2) = 5.801,42 €. Como cada uno destina un importe de 7.000 € al alquiler, opera el límite y la deducción por alquiler de vivienda habitual será entonces del 10,05% de 5.801,42 = 583,04 €.

– En el caso de declaración conjunta, como la base imponible supera los 24.107,20 €, no tendrán derecho a deducción.

	Iker	Sara	Conjunta
Deducción por alquiler de vivienda habitual	583,04	583,04	0

Ejercicio 7. Liquidación general

A partir de los datos contenidos en los supuestos 1, 2, 3 a) y 4 y teniendo en cuenta que Eliseo y Laura hacen una donación de 1.000 € cada uno a una asociación declarada de utilidad pública no comprendida en el ámbito de aplicación de la Ley 49/2002, de 23 de diciembre, de régimen fiscal de las entidades sin fines lucrativos y de los incentivos fiscales al mecenazgo.

Se pide:

a) Determinar la deuda tributaria de Eliseo y Laura en el Impuesto sobre la Renta de las Personas Físicas.
b) Liquidar el impuesto suponiendo dos datos adicionales:
   1) Que Eliseo ha sido víctima en este ejercicio de una estafa por importe de 4.000 €, estando dicho importe suficientemente acreditado por los medios de prueba generalmente admitidos en derecho.
   2) Que Eliseo vendió el ejercicio anterior unas acciones privativas obteniendo una pérdida patrimonial de 2.000 €, que no pudo compensar con ninguna otra renta del ahorro, por lo que quiere hacerlo en este ejercicio.
c) Determina, qué cambiaría en la liquidación individual de Laura del apartado a), si con los rendimientos obtenidos en el ejercicio adquiere un ecógrafo nuevo para su actividad profesional que cuesta 20.000 € y se lo entregan el 31 de diciembre.

SOLUCIÓN

a) Deuda tributaria de Eliseo y Laura en el IRPF, siendo residentes en Aragón.

Concepto	Eliseo	Laura	Conjunta
Saldo A (1)	30.283,47	92.110,91	124.394,38
Saldo B (2)			
Saldo C (3)	2.070,00	2.070,00	4.140,00
Saldo D (4)	1.000,00	10.250,00	11.250,00
Base imponible general (5)	30.283,47	92.110,91	124.394,38
Base imponible del ahorro (6)	3.070,00	12.320,00	15.390,00
Reducciones:	1.500,00		4.900,00
* Por tributación conjunta (7)			3.400,00
* Por aportación a un plan de pensiones (8)	1.500,00		1.500,00
Base liquidable general (BLG) (9)	28.783,47	92.110,91	119.494,38
Base liquidable del ahorro (BLA) (10)	3.070,00	12.320,00	15.390,00
Mínimo personal y familiar (11):	24.250,00	14.100,00	32.800,00
* del contribuyente	5.550,00	5.550,00	5.550,00
* por discapacidad del contribuyente	3.000,00		3.000,00
* por descendientes (2.400+2.700)	2.550,00	2.550,00	5.100,00
* por discapacidad del descendiente	4.500,00	4.500,00	9.000,00
* por gastos de asistencia del descendiente	1.500,00	1.500,00	3.000,00
* por ascendientes (12)	1.150,00		1.150,00
* por discapacidad del ascendiente	3.000,00		3.000,00
* por gastos de asistencia del ascendiente	3.000,00		3.000,00
Aplicación de la tarifa estatal a la BLG (13)	3.400,27	16.175,70	22.336,99
Aplicación de la tarifa estatal al mínimo personal y familiar (14)	2.720,25	1.380,75	4.002,75
Cuota íntegra general estatal (15)	680,02	14.794,95	18.334,24
Aplicación de la tarifa autonómica a la BLG	3.354,41	16.521,01	23.366,88
Aplicación de la tarifa autonómica al mínimo personal y familiar	2.674,39	1.365,19	3.956,89
Cuota íntegra general autonómica (16)	680,02	15.155,83	19.409,99
Cuota íntegra del ahorro estatal (17)	291,65	1.233,60	1.555,95
Cuota íntegra del ahorro autonómica (18)	291,65	1.233,60	1.555,95
Cuota íntegra estatal (19)	971,67	16.028,55	19.890,19
Cuota íntegra autonómica (20)	971,67	16.389,43	20.965,94
Deducción por donaciones (21)	100	100	200
Deducción por alquiler de vivienda habitual (22)			
Cuota líquida estatal (23)	921,67	15.978,55	19.790,19
Cuota líquida autonómica (24)	921,67	16.339,43	20.865,94
Cuota líquida (25)	1.843,34	32.317,98	40.656,13
Retenciones y demás pagos a cuenta	3.372,36	17.109,00	20.481,36
Retención (Rentas del trabajo)	940,8	0	940,8
Ingreso a cuenta (R. del trabajo) por el vehículo	322,56	0	322,56
Retención (R. del capital inmobiliario)	1.710,00	1.710,00	3.420,00

Retención (R. del capital mobiliario)	399	399	798
Pagos fraccionados (R. actividades económicas)	0	15.000,00	15.000,00
Cuota diferencial (26)	-1.529,02	15.208,98	20.174,77
Deducción por personas a cargo con discapacidad (27)	1.800,00	600	2.400,00
* por ascendiente a cargo con discapacidad	1.200,00		1.200,00
* por descendiente a cargo con discapacidad	600	600	1.200,00
CUOTA DIFERENCIAL MINORADA (28)	-3.329,02	14.608,98	17.774,77

Notas explicativas:

(1) Al saldo A se llevan todos los rendimientos, excepto los del capital mobiliario procedentes de intereses, dividendos y rentas de seguros y operaciones de capitalización que tributan en el saldo C. Es decir, aquí tributan las rentas procedentes del trabajo, del capital inmobiliario, del capital mobiliario (excepto intereses, dividendos, y rentas de seguros y de operaciones de capitalización), rentas imputadas y rentas de las actividades económicas (arts. 45 y 48.a LIRPF).

(2) Al saldo B se llevan las variaciones patrimoniales que no proceden de transmisiones (véanse arts. 45 y 48.b LIRPF).

(3) Al saldo C se llevan las rentas del capital mobiliario que sean intereses, dividendos y rentas de seguros y operaciones de capitalización (art. 46.a LIRPF).

(4) Al saldo D se llevan las variaciones patrimoniales que procedan de transmisiones (art. 46.b LIRPF).

(5) Como los saldos A y B son positivos, la suma de ambos es la base imponible general (art. 48 LIRPF).

(6) Como los saldos C y D son positivos, la suma de ambos es la base imponible del ahorro (art. 49 LIRPF).

(7) En la declaración conjunta tienen derecho a una reducción de 3.400 € (art. 84.2.3.° LIRPF)

(8) Como a Eliseo le hacen una aportación a un Plan de Pensiones de 1.500 €, tiene derecho a una reducción en la base imponible por este concepto (art. 51 LIRPF). Hay que tener en cuenta que esta reducción tiene como límite la menor entre estas dos cantidades:

i. 1.500 € (que se incrementan en 8.500 € cuando provengan de contribuciones empresariales y aportaciones del trabajador al mismo instrumento por importe no superior a una cuantía que depende de la aportación empresarial).

ii. El 30% (Rendimientos netos del trabajo + Rendimientos netos de las actividades económicas) = 30% de 22.172,56 € = 6.651,77 €.

Como la aportación es de 1.500 €, no opera el límite.

(9) Como las reducciones no superan la base imponible general, minoran dicha base para determinar la base liquidable general. No hay reducciones que minoren la base imponible del ahorro, y esta coincide con la base liquidable del ahorro (art. 50 LIRPF).

(10) Véase el art. 50 LIRPF.

(11) Véanse los arts. 57 a 61 y 84 LIRPF.

(12) Aunque el ascendiente no tiene más de 65 años, tiene discapacidad. Como no gana más de 8.000 € y no presenta declaración por el IRPF, Eliseo tiene derecho al mínimo por ascendientes.

(13) Se ha aplicado la tarifa del art. 63 LIRPF.

Para una BLG de 28.783,47 € (la de Eliseo), la tarifa se aplica de la siguiente manera: los primeros 20.200 € pagan una cuota de 2.112,75 € y los 8.583,47 € restantes tributan a un 15%, esto es, 1.287,52 €. Por lo tanto, la cuota es 3.400,27 €.

De forma análoga se calcula con la BLG de Laura y la de la declaración conjunta.

(14) El art. 63.2 establece que hay que descontar lo que tributan los mínimos en la misma tarifa.

El cálculo se lleva a cabo de la misma manera, tomando la cuantía del mínimo personal y familiar, 24.250 € en el caso de Eliseo, situándose en el tramo correspondiente de la tarifa. A los primeros 20,200 € les corresponde una cuota de 2.112,75 € y los restantes tributan al 15%, es decir, en total corresponde una cuota de 2.720,25 €, que es la cantidad que se reduce de la cuota íntegra.

De forma análoga se opera con el mínimo personal y familiar de Laura y con el de la declaración conjunta.

(15) Lo que tributa la BLG menos la tributación que se descuente por el mínimo personal y familiar.

(16) La BLG se ha de gravar con la tarifa autonómica (art. 74.1.1.º LIRPF) y después se ha de descontar lo que tributa el mínimo personal y familiar en esa misma tarifa autonómica (art. 74.1.2.º LIRPF). Aragón ha modificado el tramo autonómico del IRPF, por lo que la cuota íntegra general autonómica puede diferir de la estatal.

(17) La BLA (que no corresponda al mínimo personal y familiar) se ha de gravar con la tarifa del art. 66 LIRPF por lo que los 3.070 € de Eliseo tributan a un 9,5%, 291,65 € (el mínimo se ha tenido en cuenta a la hora de gravar la BLG, por lo que no se considera al gravar la base del ahorro).

(18) La BLA, en la parte que no corresponda al mínimo personal y familiar, se grava también con la tarifa autonómica del art. 76 LIRPF. Esto da una cuota íntegra del ahorro autonómica de 3.070 € al 9.5% = 291,65 €.

(19) La cuota íntegra estatal es la suma de la cuota íntegra general estatal y la cuota íntegra del ahorro estatal (art. 62 LIRPF).

(20) La cuota íntegra autonómica será la suma de la cuota íntegra general autonómica y la cuota íntegra del ahorro autonómica (art. 73 LIRPF).

(21) El art. 68.3 LIRPF establece una deducción del 10% del donativo efectuado en el ejercicio a las asociaciones declaradas de utilidad pública no comprendidas en el ámbito de aplicación de la Ley 49/2002, de 23 de diciembre, de régimen fiscal de las entidades sin fines lucrativos y de los incentivos fiscales al mecenazgo. Así, cada uno se deduce el 10% de su donación de 1.000 €. Se respeta el límite establecido en el art. 69.1 LIRPF: la base de la deducción debe ser inferior al 10% de la base liquidable.

La mitad de esta deducción minora la cuota íntegra estatal y la otra mitad minora la cuota íntegra autonómica (arts. 67.1.b y 77.1.b LIRPF).

(22) La deducción por alquiler de vivienda habitual no procede en ninguna de las tres declaraciones (La D. T. 15.ª LIRPF no es aplicable porque la base imponible de cada declaración supera los 24.107,2 €).

(23) La cuota líquida estatal (art. 67 LIRPF) es la cuota íntegra estatal – deducciones correspondientes.

(24) La cuota líquida autonómica (art. 77 LIRPF) es la cuota íntegra autonómica – deducciones correspondientes.

(25) La cuota líquida (art. 79 LIRPF) será la suma de las cuotas líquidas, estatal y autonómica.

(26) De la cuota líquida se han de descontar todos los pagos anticipados que han efectuado a lo largo del ejercicio en concepto de retenciones, ingresos a cuenta y pagos fraccionados (art. 79 LIRPF). El resultado es la cuota diferencial.

(27) De la cuota diferencial, en este caso, procede aplicar la deducción por personas con discapacidad a cargo, de 1.200 €, por el padre de Eliseo y de otros 1.200 € por el descendiente con discapacidad (art. 81 bis). En caso de que el matrimonio haga declaraciones individuales, la deducción por el descendiente se debe prorratear a partes iguales.

El resultado es la cuota diferencial minorada, que indica que es preferible que presenten declaraciones individuales, puesto que el impuesto global que han de pagar entre los dos contribuyentes es inferior al que tendrían que satisfacer si presentasen la declaración conjunta

b) Liquidación IRPF con información adicional

1) Los 4.000 € de la estafa se consideran una pérdida patrimonial, al estar acreditada por cualquiera de los medios de prueba generalmente admitidos en derecho. Al no proceder de una venta se incluye en el saldo B y, según el mecanismo de integración y compensación de pérdidas establecido en los art. 48 y 49 IRPF, se compensan con el saldo positivo de A, al ser inferior al 25% del saldo A.

2) Los 2.000 € de pérdidas del ejercicio anterior pueden compensarse en este ejercicio mediante la aplicación del mecanismo de integración y compensación de pérdidas establecido en los art. 48 y 49 IRPF.

Al proceder de un saldo D, se compensan primero con el saldo D de este ejercicio y lo que exceda se compensa con el saldo C de este ejercicio, con el límite del 25%.

La liquidación queda de la siguiente manera:

	Eliseo	Laura	Conjunta
Saldo A	30.283,47	92.110,91	124.394,38
Saldo B (1)	-4.000,00		-4.000,00
Saldo C	2.070,00	2.070,00	4.140,00
Saldo D	1.000,00	10.250,00	11.250,00
Perdida del ejercicio anterior que se compensa con D (2)	-1.000,00		-2.000,00
Perdida del ejercicio anterior que se compensa con C (2)	-517,50		
Base imponible general	26.283,47	92.110,91	120.394,38
Base imponible del ahorro (2)	1.552,50	12.320,00	13.390,00
Reducciones:	1.500,00	0	4.900,00
* Por tributación conjunta			3.400,00
* Por aportación a un plan de pensiones	1.500,00		1.500,00
Base liquidable general (BLG)	24.783,47	92.110,91	115.494,38
Base liquidable del ahorro (BLA)	1.552,50	12.320,00	13.390,00
Mínimo personal y familiar:	24.250,00	14.100,00	32.800,00
* del contribuyente	5.550,00	5.550,00	5.550,00
* por discapacidad del contribuyente	3.000,00		3.000,00
* por descendientes (2.400+2.700)	2.550,00	2.550,00	5.100,00
* por discapacidad del descendiente	4.500,00	4.500,00	9.000,00
* por gastos de asistencia del descendiente	1.500,00	1.500,00	3.000,00
* por ascendientes	1.150,00		1.150,00
* por discapacidad del ascendiente	3.000,00		3.000,00
* por gastos de asistencia del ascendiente	3.000,00		3.000,00
Aplicación de la tarifa estatal a la BLG	2.800,27	16.175,70	21.436,99
Aplicación de la tarifa estatal al mínimo personal y familiar	2.720,25	1.380,75	4.002,75
Cuota íntegra general estatal	80,02	14.794,95	17.434,24

Aplicación de la tarifa autonómica a la BLG	2.754,41	16.521,01	22.366,88
Aplicación de la tarifa autonómica al mínimo personal y familiar	2.674,39	1.365,19	3.956,89
Cuota íntegra general autonómica	80,02	15.155,83	18.409,99
Cuota íntegra del ahorro estatal	147,49	1.233,60	1.345,95
Cuota íntegra del ahorro autonómica	147,49	1.233,60	1.345,95
Cuota íntegra estatal	227,51	16.028,55	18.780,19
Cuota íntegra autonómica	227,51	16.389,41	19.755,94
Deducción por donaciones	100,00	100,00	200,00
Deducción por alquiler de vivienda habitual			
Cuota líquida estatal	177,51	15.978,55	18.680,19
Cuota líquida autonómica	177,51	16.339,43	19.655,94
Cuota líquida	355,02	32.317,98	38.336,,13
Retenciones y demás pagos a cuenta	3.372,36	17.109,00	20.481,36
Retención (Rentas del trabajo)	940,80	0	940,8
Ingreso a cuenta (R. del trabajo) por el vehículo	322,56	0	322,56
Retención (R. del capital inmobiliario)	1.710,00	1.710,00	3.420,00
Retención (R. del capital mobiliario)	399,00	399,00	798,00
Pagos fraccionados (R. actividades económicas)	0	15.000,00	15.000,00
Cuota diferencial	-3.017,34	15.208,98	17.854,77
Deducción por personas a cargo con discapacidad	1.800,00	600,00	2.400,00
* por ascendiente a cargo con discapacidad	1.200,00		1.200,00
* por descendiente a cargo con discapacidad	600,00	600,00	1.200,00
CUOTA DIFERENCIAL MINORADA	-4.817,34	14.608,98	15.454,77

Notas explicativas:

(1) La pérdida del saldo B se puede compensar con las rentas positivas del saldo A, con el límite del 25% del saldo A. En consecuencia, se pueden compensar los 4.000 € tanto en la declaración individual de Eliseo como en la conjunta.

(2) En la declaración individual de Eliseo, la pérdida del ejercicio anterior (2.000 €) se compensa primero con el saldo D (1.000 €) y lo que exceda se puede compensar con el saldo C con el límite del 25% del saldo C (25% * 2.070 € = 517,5 €). De esta forma, la base imponible del ahorro de Eliseo en 1.552,5 € y 482,5 € (1.000 – 517,5) quedan pendientes de compensación para los tres ejercicios siguientes (art. 49 LIRPF).

En la declaración conjunta, la pérdida del ejercicio anterior (2.000 €), se puede compensar en su totalidad con el saldo D, quedando la base imponible del ahorro en 13.390 €.

c) Qué cambiaría en la declaración individual de Laura del apartado a), si comprase un ecógrafo nuevo para su actividad económica el 31 de diciembre.

Si Laura comprase un ecógrafo por 20.000 € el 31 de diciembre, no cambiaría nada del rendimiento neto de la actividad declarado este año, puesto que como la inversión se hace el último día del año, no deduciría gasto en concepto de amortización. Podría empezar a amortizar el ecógrafo el año siguiente. La base imponible y base liquidable de Laura sería, por lo tanto, la misma que en el apartado a), y las cuotas íntegras también.

No obstante, sí que tendría derecho a aplicar una deducción en cuota de 1.000 € (5% de los 20.000 €), tal y como establece el art. 68.2. b) LIRPF, ya que cumple todos los requisitos establecidos para ello: es ERD, el ecógrafo es un elemento nuevo de inmovilizado material afecto a la actividad económica, el importe de lo invertido (20.000 €) no supera el límite de la base liquidable general positiva que corresponda a tales rendimientos (los 71.800 € de la solución del ejercicio 3), y el importe de la deducción no excede de la suma de su cuota íntegra estatal y autonómica, etc. La inversión se entiende efectuada en la fecha en que se ponga el activo a su disposición y la deducción se ha de efectuar en ese periodo impositivo. Esta deducción es incompatible con la libertad de amortización y el ecógrafo deberá mantenerse en funcionamiento durante 5 años, salvo pérdida justificada.

Por lo tanto, a la deducción por donativos habría que añadirle la deducción por inversión, que también se restaría por mitades de la cuota íntegra estatal y autonómica, resultando una cuota líquida estatal y autonómica de doña Laura 500 euros menor.

5.5. Cuestiones propuestas

Cuestión 1. Rentas exentas

Señale cuál de las siguientes rentas está exenta del IRPF:

a) Una beca pública para cursar estudios universitarios en la Universidad de Granada.

b) Una anualidad por alimentos recibida de la madre, en virtud de sentencia judicial.

c) Un premio de loterías y apuestas de la entidad pública empresarial Loterías y Apuestas del Estado.

d) Una prestación pública extraordinaria a una víctima de terrorismo.

e) La pensión que cobra la viuda de un profesor universitario.

f) Una pensión por inutilidad o incapacidad permanente del régimen de clases pasivas.

g) Una prestación familiar a favor de nietos menores de veintidós años percibida de la Seguridad Social.

h) Una prestación pública por adopción múltiple.

i) Una prestación por maternidad percibida de una comunidad autónoma.

j) Las ayudas de contenido económico para la formación y tecnificación deportiva concedidas a los deportistas de alto nivel.

k) Una dieta por un viaje de trabajo a Barcelona que recibe Ignacio José Ortega, presidente de *Consultores Inspirados, S. A.*

No olvide consultar, entre otros, los arts. 7 LIRPF y 9 RIRPF.

Cuestión 2. Tributación familiar

El matrimonio compuesto por Eloy Sauras y Pilar Jiménez, de 58 y 56 años de edad, respectivamente, tienen tres hijos con los que conviven. El mayor, de 27 años, tiene acreditado un grado de discapacidad del 33%, el segundo tiene 22 años y el tercero, 19 años. Ninguno de los hijos ha obtenido rentas, excluidas las exentas, superiores a 8.000 € anuales ni ha presentado declaración del IRPF. Determinar las formas de tributación de los diferentes miembros de la familia.

No olvide consultar, entre otros, el art. 82 LIRPF.

Cuestión 3. Tributación familiar

Don Juan Alberto Zapatero y doña María Cruz Botella son matrimonio. El señor Zapatero, de 67 años de edad, tiene acreditado un grado de discapacidad del 33%. Su mujer, de 65 años de edad, no trabaja fuera del hogar familiar.

El matrimonio tiene tres hijos que conviven con ellos: José Antonio, de 28 años, tiene acreditado un grado de discapacidad del 65%; Francisco, de 23 años, es estudiante; y Dolores, de 20 años, tiene un hijo de un año (Jesús). Ninguno de ellos ha obtenido rentas superiores a 8.000 € ni ha presentado declaración por el IRPF.

Indique las distintas opciones que tienen los miembros de la familia para tributar en el Impuesto sobre la Renta de las Personas Físicas.

No olvide consultar, entre otros, el art. 82 LIRPF.

Cuestión 4. Individualización de rentas

Doña Guadalupe Olivencia, economista, trabaja en ERRE, S. A., y percibe un sueldo bruto anual de 35.000 €. Su marido, don Javier Seisdedos, falleció el año pasado por lo que la Sra. Olivencia tiene reconocida una pensión de viudedad de 18.000 € anuales. Convive con sus hijos Mikel, Patxi y Arantxa Seisdedos Olivencia, menores de edad, que perciben sendas pensiones de orfandad, por importe de 195 € mensuales. Este año, al cumplir 15 años en la empresa, ERRE, S. A. ha entregado a doña Guadalupe una beca para que Mikel y Patxi estudien inglés en Torquay (Reino Unido) durante las vacaciones de verano.

Suponiendo que doña Guadalupe haya optado por la declaración individual del IRPF, determine quién o quiénes deben declarar las pensiones de viudedad y orfandad y la beca.

No olvide consultar, entre otros, el art. 11 LIRPF.

Cuestión 5. Individualización de rentas

Don Ignacio Javier Cordero y doña María Dolores García están casados en régimen de gananciales y han optado por presentar declaración individual del IRPF, pese a que la señora García está desempleada. Indique quién debería declarar las siguientes rentas:

a) Las procedentes de la papelería BIC, cuyo titular es el Sr. Cordero.
b) Los procedentes de la enajenación de un local comercial de doña Dolores, adquirido por donación de su tía Luisita Cospedal.
c) Los procedentes del alquiler de un piso, cuya nuda propiedad corresponde al matrimonio Cordero-García.
d) La prestación mensual por desempleo que recibe doña Dolores.
e) Los procedentes de la transmisión de la vivienda habitual, adquirida por la sociedad consorcial.

No olvide consultar, entre otros, el art. 11 LIRPF.

Cuestión 6. Mínimo personal y familiar

a) Leo y Lía están casados y tienen un hijo de 5 años que convive con el matrimonio. ¿Cuáles son sus mínimos personales y familiares y reducciones de la base imponible si tributan individualmente? ¿Y si presentan declaración conjunta?

b) Anacleto Bermúdez, de 68 años, es el padre de Mortadelo Bermúdez, de 50 años, y el abuelo de Jonathan Jesús Bermúdez, de 30 años. Los tres viven juntos. Mortadelo obtiene del trabajo unos rendimientos netos 30.000 € al año, mientras que Jonathan Jesús percibe solo 18.000 € como rendimiento neto del trabajo dependiente. Anacleto no percibe rentas. ¿A qué mínimos personales y familiares y reducciones de la base imponible tienen derecho?

c) Pablo Sebastián, de 70 años y con una pensión de 4.000 €, convive 4 meses con cada uno de sus tres hijos, Juan, Perico y Andrés. ¿Quién puede beneficiarse del mínimo familiar por ascendientes?

d) En el caso anterior, suponga que Juan, con quien estaba conviviendo su padre Pablo Sebastián, fallece el 30 de abril, y que entonces Pablo Sebastián se marcha a casa de su otro hijo, Perico, donde reside el resto del año. ¿Quién tiene derecho ahora al mínimo familiar por ascendientes?

e) Coralina Cifuentes es viuda, tiene 48 años, tres hijos de 20, 15 y 12 años, y ha obtenido unos rendimientos netos del trabajo de 33.000 €. Su madre, doña Herminia, de 63 años y con un grado de discapacidad del 80%, convive con Coralina durante todo el ejercicio percibiendo una pensión de 3.000 €. ¿Cuáles serán el mínimo personal y familiar y las reducciones de la base imponible de Coralina? Suponga que los parientes no presentan declaración.

f) Antonio y Antonia (ambos de 40 años) están casados y tienen tres hijos de 9, 5 y 2 años. Antonio es discapacitado con un grado del 66% y percibe, entre otras rentas, una pensión de la Seguridad Social por incapacidad de 15.000 €. Antonia no trabaja. ¿Cuáles serán los mínimos personales y familiares de Antonio y Antonia y las reducciones de la base imponible a las que tendrán derecho?

g) Don Fausto, de 67 años, y doña Severa, de 60, están casados y perciben rentas que declaran en el IRPF. Tienen hijos que conviven con ellos: Ana, de 30 años, Bea, de 26 años que tiene un grado de discapacidad del 40%, Carlos, de 21 años, David, de 18, y Elena, de 15. Ninguno de los hijos obtiene renta alguna. Ana tiene un hijo de 4 años. ¿Cuáles son los mínimos personales y familiares y las reducciones de la base imponible a las que tienen derecho Fausto y Severa?

No olvide consultar, entre otros, los arts. 51-54 y 56-60 LIRPF.

5.6. Ejercicios propuestos

Ejercicio 1. Rentas del trabajo

Don Rufino está casado en régimen de gananciales con doña Rufina y tienen tres hijos de 15, 17 y 19 años, que viven con ellos en Zaragoza.

Don Rufino, de 66 años, es empleado a tiempo parcial en una industria láctea desde hace 40 años y en el ejercicio actual ha devengado unos rendimientos dinerarios brutos del trabajo de 11.500 €, descontándole su empresa, por cotizaciones sociales a la Seguridad Social, 275 €. Rufino utiliza un vehículo propiedad de la empresa que le costó a esta 15.000 € (impuestos incluidos). El tipo de retención que le aplican es del 0,15%. En el año soportó unos gastos de 200 € en concepto de defensa jurídica por litigios con el empresario, para que se le reconociera su antigüedad en la empresa. Suponga que no tiene otras rentas no exentas superiores a 6.500 €.

Doña Rufina, de 60 años, es directora de ventas de una cadena de tiendas de ropa, por lo que ha recibido un sueldo bruto de 20.000 €; en el ejercicio se le han descontado, en concepto de cotización a la Seguridad Social, 1.000 €.

No obstante, a finales de ese mismo año despiden a doña Rufina después de 20 años en la empresa, pagándole en diciembre de este año una indemnización de 130.000 €, aunque la obligatoria según el Estatuto de los Trabajadores era de 70.000 €. El despido le ocasionó unos gastos de defensa jurídica de 250 €.

Se pide:

Calcular los rendimientos netos reducidos del trabajo personal del matrimonio en el IRPF.

No olvide consultar, entre otros, los arts. 7.e, 11, 17 a 20, 42 y 43 LIRPF; y art. 102 RIRPF.

Ejercicio 2. Rentas del capital, rentas imputadas y variaciones patrimoniales

Doña Pitu Piturra es viuda, y propietaria de un inmueble que adquirió el 1 de enero de 2012 por 250.000 € (gastos incluidos). Financió dicha adquisición con un préstamo hipotecario del que en este ejercicio ha devuelto 7.000 € de principal y 3.000 € de intereses. A 31 de diciembre de este año, le quedan pendientes de amortizar 200.000 € del préstamo.

El valor catastral del inmueble (revisado hace 6 años) es de 150.000 € en 2025. El 20% del valor catastral corresponde al suelo. Este inmueble ocasiona unos gastos de comunidad de 300 € anuales, a los que hay que añadir 192 € del Impuesto sobre Bienes Inmuebles.

Se pide:

Calcular la incidencia que este inmueble tiene en el IRPF para doña Pitu en este ejercicio (qué tipo de renta genera, su cuantificación, en qué parte tributa de la base imponible, y si da derecho a alguna deducción en cuota), en los siguientes casos:

a) Si lo utiliza como vivienda habitual.

b) Si lo tiene cedido en alquiler durante todo el año por 800 €/mes a un joven de 25 años que lo utiliza como vivienda habitual. Doña Pitu se hace cargo de los gastos de comunidad y del IBI. El contrato de alquiler es posterior a la entrada en vigor de la Ley 12/2023, de 24 de mayo, por el derecho a la vivienda.

c) Si en vez de tenerlo cedido en alquiler al joven del apartado anterior, lo alquila a unos abogados que van a ejercer en él su actividad profesional, haciéndose Pitu cargo de los gastos de comunidad y del IBI.

d) Si desde que lo adquirió, Pitu Piturra lo ha tenido cedido en alquiler a los abogados y el 1 de febrero de este año lo vende por 400.000 €.

e) Si desde que lo adquirió, lo tiene a su disposición, empleándolo sólo en sus vacaciones de Navidad, Semana Santa y verano.

f) Si desde que lo adquirió, Pitu Piturra lo ha tenido a su disposición, y el 1 de febrero de este año lo vende por 400.000 €.

g) Si desde que lo adquirió, doña Pitu Piturra lo ha tenido afecto a su actividad empresarial empleándolo como edificio administrativo. Ella estima los rendimientos de la actividad mediante el método de estimación directa normal, y amortiza fiscalmente el inmueble, según el máximo de tablas. El 1 de febrero de este año lo vende por 400.000 €.

No olvide consultar, entre otros, los arts. 21 a 26 y 85 LIRPF y D.T. 18ª y 38ª LIRPF; y arts. 14, 90, 100 RIRPF.

Ejercicio 3. Variaciones patrimoniales

Don Fulano de Tal adquirió, el 10 de noviembre de 2001, un chalet por un importe de 60.000 €, incurriendo en unos gastos de 3.600 € en concepto de Impuesto sobre Transmisiones Patrimoniales. Los restantes desembolsos efectuados ese año con motivo de la adquisición ascendieron a 900 € en concepto de notaría y registro.

En julio de 2020 contrató la construcción de una piscina en su chalet. La obra se efectuó en julio de 2020 y su importe ascendió a 48.000 € (IVA y demás gastos incluidos).

El 4 de febrero de este año vende el chalet por 122.000 € y la piscina por 70.000 €. Los gastos relacionados con la venta ascienden a 8.000 € (de los que 1.000 corresponden a la piscina). El chalet no ha estado en ningún momento arrendado.

Se pide:

Calcular la variación patrimonial de don Fulano.

No olvide consultar, entre otros, los arts. 33 a 35.

Ejercicio 4. Integración y compensación de rentas

Durante los años 2025 y 2026, la Sra. María Clavijo ha obtenido las siguientes rentas:

Conceptos	2025	2026
Rendimiento neto del trabajo	10.000	10.100
Rendimiento neto del capital mobiliario (intereses)	1.000	500
Imputaciones de rentas inmobiliarias	2.000	2.000
Ganancia patrimonial (no ventas)	8.000	0
Pérdida patrimonial (no ventas)	−10.000	0
Ganancia patrimonial generada en, al menos, un año (ventas)	5.000	10.000
Pérdida patrimonial generada en, al menos, un año (ventas)	−6.000	0
Ganancia patrimonial generada en menos de un año (ventas)	1.000	0
Pérdida patrimonial generada en menos de un año (ventas)	−4.000	0

Se pide:

Calcular la imponible general y la base imponible del ahorro de la Sra. Clavijo en el Impuesto sobre la Renta de las Personas Físicas de 2025 y 2026 (suponiendo que no cambie la normativa).

No olvide consultar, entre otros, los arts. 44 a 49 LIRPF.

Ejercicio 5. Liquidación general

Don Melitón Bárcenas es viudo, de 38 años de edad, y tiene un hijo de 2 años con el que convive en Alcañiz (Teruel). Es economista y presta sus servicios como director comercial de la empresa textil Trapos, S. A. En este ejercicio ha devengado un sueldo íntegro, según contrato, de 42.000 €, de los que le han deducido 2.500 € en concepto de cotizaciones a la Seguridad Social y las pertinentes retenciones a cuenta del IRPF (supongamos que han sido de un 20%).

Don Melitón reside en un piso propiedad de la empresa cuya utilización le cede de forma gratuita. La empresa adquirió el piso en 2012 por 60.000 €, siendo este año su valor catastral (no revisado) de 36.000 €.

Con don Melitón vive su padre, de 68 años de edad, que percibe una pensión de jubilación de 7.200 € y que no presenta declaración del IRPF.

Además, don Melitón es propietario de un apartamento en la montaña, que adquirió hace 12 años por 180.000 € (impuestos y gastos incluidos) y cuyo valor catastral (revisado hace 8 años) es este año de 60.000 €, correspondiendo el 20% al suelo. Don Melitón utiliza únicamente el apartamento durante los meses de agosto y diciembre. Paga por él un IBI de 360 €.

Don Melitón Bárcenas es titular de una cuenta corriente en el *Banco Chipre* que presenta un saldo, a 31 de diciembre de este ejercicio, de 6.000 € y que le ha generado en el último día del período impositivo unos intereses íntegros de 300 €, de los que se han deducido las retenciones a cuenta del IRPF.

El propio Banco gestiona la cartera de valores de don Melitón, integrada por 1.000 acciones de Invernalia, S. A., de 6 € de nominal, adquiridas en Bolsa en enero de hace 7 años por 6.000 €; y 2.000 acciones de Bergoglia, S. A., del mismo nominal, adquiridas en Bolsa el 1 de diciembre del año pasado, por 18.000 €. El 20 de diciembre de este ejercicio, D. Melitón vende 200 acciones de Bergoglia por 6.030 €, teniendo que pagar una comisión de 30 €.

Los dividendos netos de retenciones devengados por los títulos de ambas sociedades a mediados de agosto de este año ascienden a 4.050 €, y los gastos de administración y custodia pagados al Banco, a 300 €.

Don Melitón ha contratado en el *Banco Chipre* un plan de pensiones, realizando este año una aportación de 1.500 €.

También, es propietario de un automóvil cuyo valor de mercado a la fecha de devengo del impuesto es 12.000 €.

El 20% del valor de todos los inmuebles corresponde al suelo.

Se pide:

a) Liquidar el IRPF de don Melitón Bárcenas correspondiente a este ejercicio.

b) Determinar qué cambiaría en la declaración si el piso en el que vive don Melitón fuese de su propiedad y estuviese totalmente pagado (arts. 17 y D. T. 18.ª LIRPF).

c) ¿Y si fuese de su propiedad y cuando lo compró solicitó un préstamo por el que ha pagado a lo largo de este ejercicio 4.000 € entre intereses y amortización del principal? Suponga que lo compra a lo largo de 2012 (D. T. 18.ª LIRPF).

d) ¿Qué cambiaría en la declaración si el apartamento de la montaña lo hubiese comprado, el 1 de febrero de 2025, por los mismos 180.000 € y lo vendiese, el 1 de diciembre de ese mismo año, por 220.000 €? (arts. 33 a 35 y 85.1 LIRPF).

e) ¿Y si el apartamento de la montaña lo hubiese comprado el 1 de enero de 2021 y lo vendiese el 1 de diciembre de 2025?. Considera el mismo valor de adquisición y enajenación que en el caso anterior (arts. 33 a 35 y 85.1 LIRPF).

f) ¿Y si el apartamento de la montaña lo hubiese comprado el 1 de enero de 2021 y lo vende el 1 de diciembre de 2025 pero todo ese tiempo lo hubiese tenido alquilado como vivienda por 500 € mensuales, según contrato realizado el primer año de alquiler? Considere los mismos valores de adquisición y enajenación que en el caso anterior (arts. 33 a 35 y 85.1 y DT 38ª LIRPF).

g) ¿Qué cambiaría en la declaración si su padre presentase declaración del IRPF? (arts. 59 y 61 LIRPF).

Ejercicio 6. Liquidación general

Doña Josefa, de 70 años de edad, es soltera y presenta los siguientes datos a efectos de su declaración en el IRPF de este ejercicio:

— Tiene una tienda de ropa en la que ha vendido por un valor de 1.000.000 € en este ejercicio. Determina el rendimiento neto de su actividad económica por el método de estimación directa normal. Los pagos fraccionados que ha efectuado durante el ejercicio ascienden a 85.000 €. Los gastos de su actividad han sido los siguientes:

— Compra de ropa 300.000 € (vende a una gran variedad de clientes toda la ropa que compra).

— Luz (potencia contratada superior a 10 kw) y teléfono: 2.000 €.

— Alquiler del local: 100.000 €.

— Seguridad Social: 20.000 €.

— Sueldos de las dos dependientas (en años anteriores tuvo tres): 80.000 €.

— Suministros: agua, gas: 2.000 €.

— Gastos financieros: 5.000 €.

— Amortización, según el máximo de las tablas, del equipamiento y mobiliario de la tienda, y de los almacenes en los que guarda los *stocks*: 100.000 €.

El 31 de diciembre de este año vende un almacén que utilizaba en su negocio por 200.000 €. Los gastos relacionados con la venta soportados por Josefa ascienden a 500 €. Dicho almacén lo había adquirido por 190.000 € el 1 de enero de 2022 y lo está amortizando al porcentaje máximo según tablas (7%). Supongamos que el 20% del valor del inmueble corresponde al suelo.

Asimismo, doña Josefa es propietaria de un local (no afecto a su negocio) que tiene arrendado a BETA, S. A., desde el 1 de julio de este año hasta final de año, por 2.500 €/mes. Ha satisfecho 412,50 € en concepto de IBI. El valor catastral (revisado hace 5 años) es de 100.000 €. Se ha hecho cargo de unos gastos de comunidad de 100 €/año, aunque los 200 €/año de vigilancia del inmueble corren a cargo del inquilino. El inmueble fue adquirido nuevo en junio de 2013 por 250.000 € (gastos incluidos), siendo su valor de mercado actual, según tasación de peritos independientes, de 300.000 €. El 30% del valor del local corresponde al suelo.

Es propietaria de un paquete de 11.000 acciones de 10 € de nominal de la entidad ACCIONA, S. A., que cotiza en Bolsa, y que compró en tres fases:
 – El 1 de mayo de 2002, adquirió 3.500 acciones por 70.000 €.
 – El 1 de julio de 2005, adquirió 3.000 acciones por 150.000 €.
 – El 1 de mayo de 2009, compró las 4.500 restantes por 60.000 €.

El 1 de octubre de este año, ha percibido de esta entidad un dividendo bruto de 2,5 €/acción y el 1 de diciembre ha vendido 10.000 acciones a 70 €/acción, según cotización en Bolsa. La entidad financiera le ha facturado este año, por gastos de administración y depósito de los valores, 700 €.

El 1 de junio de este año, vende todas las participaciones que posee en un fondo de inversión a 2.542,80 € cada una. Le cobran una comisión de venta de 1€/participación. Estas las había comprado en dos momentos distintos de tiempo:
 – El 1 de febrero de 2006, adquirió 10 participaciones a 3.000 € cada una.
 – El 1 de septiembre del año pasado, compró otras 10 participaciones a 1.695,20 € cada una.

En un concurso ha obtenido un premio de 6.000 € al que le han practicado la correspondiente retención. Como avalista de un familiar ha tenido que saldar una deuda de 17.000 €.

Se pide:

Practicar la liquidación del IRPF de doña Josefa, que vive en Jaca (Huesca).

Ejercicio 7. Liquidación general

Doña Leonor Rocasolano, de 40 años de edad, casada con don Juan Pablo Alfonso, de 66 años, y domiciliada en un piso que el señor Alfonso posee en

Majadahonda (Madrid), presenta los siguientes datos a efectos de su declaración en el IRPF de este ejercicio:

Es la gerente y máxima accionista de MENCHU, S. A. Por dicho cargo recibe una remuneración bruta anual de 40.000 €, de los que se descuentan 1.800 € por cotizaciones a la Seguridad Social y el 20% de retención a cuenta del Impuesto sobre la Renta de las Personas Físicas. La empresa ha pagado parte de los gastos de colegio de sus mellizos Iñaki e Irene (de 7 años de edad), por importe total de 1.600 €, y ha aportado 1.000 € a un plan de pensiones cuya beneficiaria es doña Leonor.

El matrimonio posee un apartamento en Sagrillas adquirido nuevo en 2017 por 60.000 €, con un valor catastral actual de 34.000 € (25% suelo, última revisión año 2016) que disfruta durante sus vacaciones.

La señora Rocasolano es titular, con carácter privativo, de 500 acciones de la empresa Menchu, S. A. de las que ha percibido, el 1 julio de este año, unos dividendos netos de retenciones de 2.430 € y, el 1 de diciembre, unos dividendos netos de 1.620 euros.

El año pasado vendió unas acciones privativas, generándole dicha venta una pérdida de 1500 € que no pudo compensar en la declaración de ese año. Pretende compensarla en la declaración de este año

Se pide:

Practicar la liquidación del IRPF de doña Leonor, suponiendo que la Comunidad Autónoma de Madrid ha aprobado la siguiente escala:

Base liquidable (hasta euros)	Cuota íntegra (euros)	Resto base liquidable (hasta euros)	Tipo aplicable (porcentaje)
0,00	0,00	13.362,22	8,50
13.362,22	1.135,79	5.462,41	10,70
19.004,63	1.736,53	16.421,05	12,80
35.425,68	3.841,42	21.894,72	17,40
57.320,40	7.651,10	En adelante	20,50

Se conoce, además, que, para el cálculo del gravamen autonómico de la Comunidad de Madrid, se aplicarán los siguientes importes de mínimos por descendientes en sustitución de los establecidos en el artículo 58 de la LIRPF:

i. 2.575,85 euros anuales por el primer descendiente que genere derecho a la aplicación del mínimo por descendientes.

ii. 2.897,83 euros anuales por el segundo.

iii.4.400 euros anuales por el tercero.
iv.4.950 euros anuales por el cuarto y siguientes.

Cuando el descendiente sea menor de tres años, la cuantía que corresponda al mínimo por descendientes, de las indicadas en este artículo, se aumentará en 3.005,16 euros anuales.

A su vez, el mínimo del contribuyente se ha establecido en 5.956,65 euros anuales.

6. EJERCICIOS GLOBALES

6.1. Ejercicios resueltos

Ejercicio 1

Ernesto es ingeniero y convive con su pareja, Elena. Ambos tienen 40 años. Ernesto trabaja por cuenta ajena en REPSOL recibiendo unas retribuciones íntegras de 40.000 € al año, de las que se deducen 2.100 € por cotización a la Seguridad Social y un 20% en concepto de retenciones. Además, disfruta de un vehículo cuyo uso le cede la empresa y que costó a esta 25.000 €, impuestos incluidos.

Ernesto es titular de unas acciones de una empresa que cotiza en Bolsa, adquiridas en 2017 por 3.000 €. A 31 de diciembre de 2025, tienen una cotización de 2.800 €, siendo la cotización media del cuarto trimestre de 2.700 €. De estas acciones ha obtenido unos dividendos brutos en agosto de 2025 de 130 €. La gestora de la cartera de valores le ha cobrado 100 € por gastos de administración y custodia.

Elena es propietaria de un local situado en Zaragoza en una calle de primera categoría que compró, el 1 de febrero de 2020, por 60.000 €. El valor catastral en 2025 (suponga que la ponencia de valores fue aprobada en 2023 y entró en vigor en 2024) es de 45.000 € de los que el 40% corresponde al suelo. Se sabe que el valor catastral de 2023 era de 32.000 €. Dicho local ha estado desocupado los primeros 4 meses de 2025. Con fecha 1 de mayo, lo arrienda a CASASLINDAS, S. A., dedicada a realizar proyectos de arquitectura. La renta de alquiler se fija en 700 €/mes. Los gastos de conservación del local, soportados por Elena en mayo de este año, han sido de 9.000 €.

Se conocen las siguientes operaciones de CASASLINDAS, S. A.:

- Facturación por proyectos: 245.000 €.
- Luz (potencia contratada superior a 10kw) y teléfono: 2.800 €.
- Material de oficina: 3.000 €.
- Sueldos y salarios: 35.000 €.
- Amortización del inmovilizado: 1.800 €.

A final de año, Elena recibe una oferta de la empresa arrendataria para comprarle el local por un precio de 130.000 €.

Se pide:

Especificar la incidencia de los siguientes impuestos en 2025.

a) Impuesto sobre Bienes Inmuebles.
b) Impuesto sobre la Renta de las Personas Físicas (calcular las bases imponibles).
c) Impuesto sobre el Valor Añadido.
d) Impuesto sobre el Patrimonio (calcular la base imponible).
e) En caso de que Elena aceptase la oferta de compra, el Impuesto sobre el Incremento de Valor de los Terrenos de Naturaleza Urbana.
f) ¿En qué cambiarían sus respuestas anteriores si Ernesto y Elena estuvieran casados y sus bienes hubieran sido adquiridos tras el matrimonio, en régimen de gananciales?

SOLUCIÓN

a) Impuesto sobre Bienes Inmuebles.

Sujeto pasivo: Elena.
Devengo: 1 de enero de 2025.
BI (1) = 45.000 €.
BL (2) = 45.000 – 80% * (45.000 – 32.000) = 34.600 €
CI = 34.600 * 0,4% = 138,40 €.

Notas a la resolución del IBI:

(1) La base imponible del IBI es el valor catastral de 2025.
(2) La base liquidable del IBI es la base imponible de 2025 menos la reducción. La reducción en este año se calcula aplicando el porcentaje de reducción del 80%.

b) Impuesto sobre la Renta de las Personas Físicas (calcular las bases imponibles).

Nota: Elena y Ernesto no pertenecen a la misma unidad familiar, al no estar casados. No pueden hacer declaración conjunta.

I. Rentas percibidas por Ernesto
i. Rentas del trabajo (Saldo A):

Rendimientos del trabajo dinerario: RI = 40.000 €.
Rendimientos del trabajo en especie: RI = 25.000 * 20% * 1,2 = 6.000 €.
Gastos deducibles: cotización a la Seguridad Social + otros gastos = 2.100 + 2.000 = 4.100 €.
RN del trabajo = 40.000 + 6.000 – 4.100 = 41.900 €.

Reducciones: por obtención de rentas del trabajo = 0 €.
RN reducido del trabajo = 41.900 – 0 = 41.900 €.

ii. Rentas de capital mobiliario (Saldo C):

RI = 130.
Los gastos minoran los rendimientos = 100 €.
RN = 30 €.

iii. Base imponible general = 41.900 €.

Base imponible del ahorro = 30 €.

iv. Sobre rentas de Ernesto:

Retención por rentas de trabajo dinerario = 40.000 * 20% = 8.000 €.
Ingreso a cuenta por rentas de trabajo en especie = 25.000 * 20% * 20% = 1.000 €.
Retención por rentas de capital mobiliario = 130 * 19% = 24,70 €.

II. Rentas percibidas por Elena

i. Renta imputada por bienes inmuebles (Saldo A):

Durante los primeros cuatro meses (el 33% del año) que ha estado desocupado se declara una renta imputada. Por el resto del año (67% del año) que está alquilado declara unos rendimientos de capital inmobiliario.
RN = 45.000 * 1,1% * (33%) = 163,35 €.

ii. Rendimientos de capital inmobiliario (Saldo A):

RI = 700 x 8 meses = 5.600 €.
Gastos de conservación: 9.000, pero el máximo deducible es 5.600 (opera el límite del art. 23.1.a.1.º LIRPF). Los 3.400 € restantes se podrán deducir en los 4 años siguientes.
Otros gastos deducibles (en el 67% del año que ha estado alquilado):
IBI = 138,40 * 67% = 92,73 € (el IBI del ejercicio se ha calculado en el apartado 1).
Amortización = 60.000 * 60% * 3% * 67% = 723,60 €.
RN = 5.600 – 5.600 – 92,73 – 723,60 = –816,33 €.
Al no ser un inmueble destinado a vivienda no tiene derecho a reducción

iii.   Base imponible general = 163,35 − 816,33 = −652,98 €. Por lo que la cuota de Elena será cero y sus pérdidas no podrán trasladarse a ningún ejercicio posterior al tratarse de rendimientos de la base imponible general.

Base imponible del ahorro = 0 €.

iv.   Sobre rentas de Elena:

Retención por rentas de capital inmobiliario = 700 * 8 * 19% = 1.064 €.

c) Impuesto sobre el Valor Añadido.

Hay dos entregas de bienes realizadas por empresarios o profesionales a efectos del IVA:

A. Elena. Es empresaria y sujeto pasivo de IVA por la actividad de arrendamiento del local que está sujeto y no exento.
IVAr = 700 * 8 * 21% = 1.176 €.
IVAsd = 9.000 * 0,21% = 1.890 €.
IVAi = 1.176 − 1.890 = −714 €.

B. CASASLINDAS. Sujeto pasivo por realizar una actividad de estudios de proyectos de arquitectura. Su actividad está sujeta y no exenta.
IVAr = 245.000 * 21% = 51.450 €.
IVAs = (700 * 8 + 3.000 + 2.800) * 21% = 2.394 €.
IVAi = 49.056 €.

d) Impuesto sobre el Patrimonio (calcular la base imponible).

El impuesto se devenga, en ambos casos, el 31 de diciembre de 2025.

I. Ernesto:
El único bien patrimonial conocido de Ernesto son unas acciones, que valora por la cotización media del cuarto trimestre: 2.700 € (art. 15 LIP).
Su base imponible coincide inicialmente con ese importe.

II. Elena:
Es propietaria de un inmueble que se valora por el mayor de los valores catastral, adquisición o comprobado. Por lo tanto, por 60.000 € (art. 10 LIP).
Su base imponible, en consecuencia, coincide inicialmente con ese importe.

e) Impuesto sobre el Incremento de Valor de los Terrenos de Naturaleza Urbana por la venta del inmueble.

Sujeto pasivo: Elena, por tratarse de una transmisión onerosa.
Devengo: El día de la venta.

Lo compró el 1 de febrero de 2020, es decir, hace 5 años.

El valor catastral del suelo en este momento es 45.000 * 0,4 = 18.000 €.

BI = 18.000 * 0,18 = 3.240 €.

CI = 3.240 * 28% (según Ordenanzas Ayuntamiento Zaragoza) = 907,20 €.

La BI se calcula tomando como base el valor catastral, que es el que más beneficia al contribuyente, puesto que el incremento real experimentado en la venta es de 130.000 – 60.000 = 70.000 € y, por tanto, si aplicamos la proporción de valor de suelo sobre el valor total (40%), el resultado será mayor que el obtenido a través del valor catastral

f) ¿Qué cambios se producirían en caso de matrimonio?

A. Impuesto sobre Bienes Inmuebles

Si el local se adquiere por la pareja tras el matrimonio, el sujeto pasivo del impuesto es la comunidad de bienes.

B. Impuesto sobre la Renta de las Personas Físicas

El que fueran matrimonio permitiría optar por la tributación conjunta.

Además, los rendimientos de capital, tanto mobiliario como inmobiliario, y las rentas imputadas se declararían por cada contribuyente en proporción a su participación en la titularidad de los bienes.

C. Impuesto sobre el Valor Añadido

El sujeto pasivo en el caso de la actividad de arrendamiento se modificaría y pasaría a ser la comunidad de bienes.

La venta del inmueble no afectaría a la liquidación del IVA, ya que al ser una segunda entrega de edificaciones está sujeta y exenta (art. 20. Uno.22.º LIVA).

D. Impuesto sobre el Patrimonio

Si Ernesto y Elena comparten las acciones y el inmueble, su valoración se distribuye en las dos declaraciones del impuesto que, en todo caso, han de ser individuales.

E. Impuesto sobre el Incremento de Valor de los Terrenos de Naturaleza Urbana

El sujeto pasivo, en el caso de la transmisión, sería la comunidad de bienes.

Ejercicio 2

DROGUERÍA PÉREZ, S. A., domiciliada en Teruel, fue constituida en 2005. Desde entonces, ejerce su actividad en una nave industrial alquilada por 1.500 € mensuales, perteneciente a Gustavo Hernández. La última ponencia de valores entró en vigor en 1996 siendo el valor catastral de 2025 de 150.000 €, que en un 30% corresponde al suelo.

Se conoce la siguiente información adicional de la sociedad:
1) Gastos durante 2025:
– Compra materias primas: 150.000 € (un 50% a empresas brasileñas).
– Sueldos y salarios: 240.000 €.
– Seguridad Social: 70.000 €.
– Suministros: 36.000 €.
– Gastos asesoría fiscal: 3.300 €.
– Amortización de la maquinaria según el coeficiente máximo permitido en tablas: 12.000 €.
Todos los gastos han sido debidamente contabilizados en el ejercicio.
2) Este año ha facturado a sus clientes 800.000 €, de los cuales un 40% se ha destinado a empresarios establecidos en Francia e Italia (la facturación total de 2023 y 2024 fue de 780.000 € en cada año).
3) A finales del año 2023, adquirió una máquina elevadora nueva por 120.000 €. Dicho año, la prorrata aplicable fue del 70%.
4) La máquina se amortiza linealmente. El coeficiente máximo de amortización fijado para esta máquina en las tablas aprobadas es del 10%.
5) A final del año, hay un saldo de deudores no cobrados por un importe de 60.000 €, por lo que contabiliza una pérdida por insolvencia mediante una estimación global por el importe máximo deducible fiscalmente.

Se pide:

Determinar para 2025 la incidencia de los hechos relatados en los siguientes impuestos, indicando los elementos cualitativos y cuantitativos relevantes:
a) Impuesto sobre Bienes Inmuebles.
b) Impuesto sobre Actividades Económicas.
c) Impuesto sobre el Valor Añadido.
d) Impuesto sobre Sociedades.

SOLUCIÓN

a) Impuesto sobre Bienes Inmuebles.

El hecho imponible es la titularidad de un derecho de propiedad sobre la nave.

Sujeto pasivo: Gustavo Hernández.
Devengo: 1 de enero de 2025.
BI = VC = 150.000 €.
CI = 150.000 * 0,444% = 666 €.

b) Impuesto sobre Actividades Económicas.

DROGUERÍA PÉREZ está sujeta, pero exenta del IAE ya que el importe neto de la cifra de negocios de 2023 fue inferior a 1.000.000 €.

c) Impuesto sobre el Valor Añadido.

I. El alquiler de la nave es una actividad sujeta y no exenta:
SP: Gustavo Hernández.
IVAr = 1.500 * 12 * 21% = 3.780 €.

II. La actividad de la sociedad está sujeta y no exenta:
SP: DROGUERÍA PÉREZ
DROGUERÍA PÉREZ vende parte de sus productos (40%) a empresarios de otros países de la Unión Europea, constituyendo entregas intracomunitarias de bienes, que están exentas pero que otorgan derecho a deducción.
IVAr = (facturado) = 800.000 * 0,6 * 21% = 100.800 €.
IVAs = (compras interiores e importaciones) = 150.000 * 21% = 31.500 €.
IVAs = (suministros) = 36.000 * 21% = 7.560 €.
IVAs = (asesoría) = 3.300 * 21% = 693 €.
IVAs = (alquiler) = 1.500 * 12 * 21% = 3.780 €.
DROGUERÍA PÉREZ debe regularizar la máquina que adquirió en 2023, dado que se encuentra todavía en el período de regularización. Regularización por el bien inversión:
Prorrata este año = 100%.
IVAd de la máquina (año de compra) = 17.640 €.
Regularización = 1.512 € a deducir.
IVAi = 55.755 €.

d) Impuesto sobre Sociedades.

Se trata de una empresa de reducida dimensión (art. 101 LIS). Como la cifra de negocios del año anterior fue inferior a 1 millón de euros aplicará el tipo de gravamen fijado por la redacción del art. 29.1 LIS desde 2025 y la Disposición transitoria cuadragésima cuarta.1º aplicable en 2025.
Rendimientos brutos = 800.000 €.
Gastos deducibles:
– Alquiler = 18.000 €.

– Compras = 150.000 €.
– Sueldos y salarios = 240.000 €.
– Seguridad Social = 70.000 €.
– Suministros = 36.000 €.
– Asesoría fiscal = 3.300 €.
– Amortización = 24.000 €.
– 1% saldo deudores = 600 €.
Base imponible = 258.100 €.
Cuota íntegra = 56.282 € = 50.000 * 21% + (258.100 - 50.000) * 22%.

Entre los gastos que se incluyen en el cálculo del rendimiento neto aparece la amortización, a la que se ha aplicado el beneficio del art. 103 LIS. Es gasto fiscal deducible, aunque no esté contabilizado. Además, se permite la deducción del 1% del saldo de deudores siempre que esté contabilizado (art. 104 LIS). Si se hubiese partido del resultado contable, el único ajuste hubiese sido el exceso de amortización por el art. 103 LIS (ajuste de –12.000).

6.2. Ejercicios propuestos

Ejercicio 1

BUENVIAJE, S. L. se dedica al transporte de personas y está emplazada en un municipio de la provincia de Zaragoza desde 2011. Realiza su actividad en un local de 500 m^2 ubicado en una calle de última categoría (a la que corresponde un coeficiente de situación del art. 87.2 LRHL de 1,52). El valor catastral del local es de 300.000 euros en 2025 y suponemos que resulta de la aplicación de una ponencia de valores del año 2020 que entró en vigor en 2021. Su valor catastral de 2020 era de 240.000 euros. La cuenta de pérdidas y ganancias, antes de impuestos, presenta el siguiente detalle a 31 de diciembre de 2025:

Concepto	Cantidad
Ingresos por transporte en coches con chófer	1.500.000,00
Ingresos por transporte de enfermos en ambulancia	450.000,00
Total ingresos	1.950.000,00
Sueldos y salarios	160.000,00
Seguridad Social	32.000,00
Compra de combustible consumido	200.000,00
Compra de material de oficina consumido	5.000,00
Gastos financieros	300,00

Alquiler de local	12.000,00
Amortizaciones (según el máximo de tablas)	6.000,00
Tributos locales (IBI, IAE, IVTM...)	6.385,43
Cestas de Navidad para trabajadores (alimentos)	1.500,00
Gastos por atenciones con clientes (sin incluir restaurantes)	20.000,00
Multa de tráfico	500,00
Total gastos	443.685,43
Beneficio de las actividades ordinarias	1.506.314,57
Beneficio en la enajenación del inmovilizado	240.500,00
Resultado antes de impuestos	1.746.814,57

Además, se tiene la siguiente información de la sociedad:

– Los ingresos y cifras de negocios de 2023 y 2024 fueron similares a los de 2025, superando en todos los casos el millón de euros. La cifra de negocios de este año es 1.950.000 €.

– En la actividad tiene un total de 12 vehículos.

– Enajena, el 30 de junio de 2025, por un importe de 1.000.000 € el inmueble que compró nuevo el 1 de enero de 2021 por 800.000 € (de los que 500.000 corresponden al suelo) y que había utilizado como local para ejercer su actividad. El elemento lo ha amortizado anualmente un 3%. A partir de esa fecha, le paga el alquiler recogido en la tabla al nuevo propietario, no aplicándose el art. 20 Dos LIVA.

– La prorrata de 2021 fue del 60%.

– Obtuvo, hace tres años, una BI negativa de 300.000 € de los que aún le quedan por compensar 100.000 €.

Se pide:

Calcular la incidencia para 2025 que la información anterior tiene para BUENVIAJE, S. L. en los siguientes impuestos:

a) Impuesto sobre Bienes Inmuebles (suponiendo un tipo de gravamen de 0,4533%).

b) Impuesto sobre Actividades Económicas.

c) Impuesto sobre el Valor Añadido.

d) Impuesto sobre Sociedades (suponiendo que quiere pagar lo mínimo posible).

TARIFAS DEL IAE SECCIÓN PRIMERA
GRUPO 721. TRANSPORTE DE VIAJEROS.
Epígrafe 721.1.- Transporte urbano.
Cuota municipal: Por cada vehículo: 67,84 €.

Ejercicio 2

Luis y María están casados en régimen económico de gananciales y viven en un municipio de la provincia de Zaragoza en un piso cuyo valor catastral en 2025 es de 200.000 €, de los que el 40% corresponde al suelo. Suponemos que la última ponencia de valores entró en vigor en 2021, fijando un valor catastral igual al de 2025. En 2020 el valor catastral era de 163.000 €. El tipo de gravamen de dicho municipio del IBI es 0,4533%.

Compraron dicha vivienda el 2 de enero de 2009 por 150.000 € y la pusieron en alquiler durante la primera mitad del año 2009. En dicho año la amortización que incluyeron como gasto fiscalmente deducible para hallar el rendimiento de capital inmobiliario en tributación conjunta fue de 1.500 €. Desde el 1 de julio de 2009 ha sido su vivienda habitual. El 2 de enero de 2025 la venden por 500.000 €. El importe obtenido fue ingresado en su totalidad en un depósito bancario a plazo. Durante 2025 han obtenido unos intereses brutos de 2.000 €.

Además, Luis es propietario de una plaza de garaje en otro municipio que tiene alquilada a un vecino, por 150 €/ mes hasta el 1 de diciembre, momento en la que se queda desocupada. Dicho inmueble fue adquirido en 2021 por 50.000 €, de los que 10.000 € corresponden al valor del suelo. En 2025, su valor catastral es de 30.000 €. Se sabe que la última ponencia de valores entró en vigor en 2011. El tipo de gravamen de dicho municipio del IBI es 0,61%.

A María este año le ha sido reconocida su incapacidad permanente absoluta por lo que ha percibido una pensión de 17.000 € de la Seguridad Social. Por su parte D. Luis ha cobrado un subsidio de desempleo periódico que en el año asciende a 6.000 €.

El 30 de enero de 2025 adquirieron 8.000 acciones de *Telefónica,* de 1 € de nominal. Dichas acciones cotizaron durante el último trimestre del año al 800%, siendo su cotización a 31 de diciembre del 882%. La revalorización de las acciones durante el ejercicio fue del 10%. Derivadas de las mismas han percibido unos dividendos brutos de 1.200 €, por los que han incurrido en unos gastos de administración de valores de 50 €.

Se pide:

Analizar la incidencia en 2025 de estos hechos en:

a) Impuesto sobre Bienes Inmuebles.

b) Impuesto sobre la Renta de las Personas Físicas de Luis y María (base imponible, general y del ahorro).

c) Impuesto sobre el Valor Añadido.

d) Impuesto sobre el Incremento de Valor de los Terrenos de Naturaleza Urbana (suponga que el coeficiente aplicable para un periodo de generación de 16 años es 0,10 y que el tipo de gravamen es del 30%).

e) Impuesto sobre el Patrimonio (calcular solo la base imponible).

Ejercicio 3

Mix, S.A., con domicilio social en Zaragoza, se dedica a la fabricación de maquinaria industrial desde el año pasado, cuando se constituyó. Ha obtenido en este ejercicio un resultado contable de 10 millones de €, después de contabilizar como gasto un impuesto sobre sociedades de 3 millones de €.

Se conoce la siguiente información adicional:

1) En noviembre de este año contabiliza 4.000 € en concepto de pérdidas por deterioro de créditos, que corresponden a una deuda del año pasado con una entidad española vinculada.

2) El 1 de enero de este año entran en funcionamiento unos moldes y matrices adquiridos ese mismo día a un empresario de Francia. Contablemente se van a amortizar, según el método lineal, un 33% al año y fiscalmente le gustaría hacerlo lo más rápidamente posible. El precio de adquisición es:

    a. 100 moldes nuevos cuyo valor unitario es 100 €.

    b. 1 matriz nueva por 1.000 €.

3) El 1 de enero de este año compra nuevos los siguientes activos que entran en funcionamiento inmediatamente:

    a. a un concesionario de Zaragoza, por 60.000 €, una furgoneta que decide amortizar contablemente un 10% anual (método lineal).

    b. a una empresa fabricante de carretillas de Huesca, por 10.000 €, una carretilla elevadora que decide amortizar contablemente un 15% anual (método lineal).

Fiscalmente, los piensa amortizar lo más rápidamente posible.

4) El 1 de enero de este año compra por 500.000 € una nave a un empresario del sector, que ha contabilizado como gasto, pese a que entra en funcionamiento el año próximo.

5) En enero ha contabilizado como gasto los 100 € que ha pagado en la compra de lotería del Niño y, como ingreso, los 500 € percibidos de premio.

6) Contabiliza en marzo de este año ingresos y gastos cuyo devengo corresponde al año pasado. Los ingresos ascienden a 20.000 € y los gastos a 40.000 €.

7) Posee desde hace un año el 2% del capital de la sociedad A y el 8% del capital de la sociedad B. Las sociedades A y B son residentes en España. En junio de este ejercicio obtiene 20.000 € de dividendos brutos procedentes de A y 30.000 € de dividendos brutos de B. Todos estos dividendos están oportunamente contabilizados.

8) Ha obtenido en el extranjero, a través de un establecimiento permanente, 5.000 € brutos que han soportado en aquel país un gravamen de 500 €.

9) El 1 de abril del año anterior contrató a Matías, que tiene 30 años y una discapacidad del 65%, por un salario bruto anual de 20.000 €. Le detrae en concepto de cotización a la seguridad social 700 € y no le practica ninguna retención a cuenta del IRPF. Este año no hay variaciones en la plantilla de la empresa.

Se pide:

a) Determinar la cuota líquida del Impuesto sobre Sociedades de Mix, suponiendo que no es una empresa de reducida dimensión.

b) Analizar qué cambiaría en la declaración anterior si Mix fuese una empresa de reducida dimensión.

c) Liquidar el IVA del primer trimestre de Mix.

d) Liquidar el IRPF de Matías, que vive de alquiler en el mismo piso desde 2013, pagando un arrendamiento de 4.000 € al año.

Ejercicio 4

Sebastián Yatar es soltero, tiene 50 años y una minusvalía del 40%. Vive en Zaragoza con su hijo e hija. El hijo es estudiante de 16 años sin ingresos. La hija es economista de 30 años y desde hace 5 años es titular de un despacho profesional en el que presta servicios de asesoramiento financiero. Además, con ellos convive el hermano de Sebastián Yatar, que tiene 60 años y una minusvalía del 73%. El hermano cobra una pensión de jubilación de 8.000 € brutos y no se le practican minoraciones por cotizaciones a la seguridad social ni retenciones a cuenta del IRPF.

Sebastián es ingeniero y trabaja por cuenta ajena, habiendo devengado este año un sueldo bruto de 50.000 €, del que se han deducido 1.800 € en concepto de cotización a la seguridad social y las pertinentes retenciones a cuenta del IRPF (supongamos 20%). Paga de forma obligatoria a su colegio profesional 600 €/año. La empresa le retribuye adicionalmente dejándole utilizar un piso por el que ésta paga un alquiler de 700 € mensuales. Dicho piso tiene un valor catastral, recientemente revisado, de 100.000 €. Además, la empresa para la que trabaja paga el colegio donde el hijo estudia, cuyos gastos ascienden a 3.000 € al año. Asimismo, le han pagado en concepto de dietas y asignaciones para gastos de locomoción, manutención y estancia 500 €, de los cuales 100 € exceden de los límites previstos en el art 9 RIRPF.

Sebastián posee un piso que adquirió el 1 de enero de 2023 por 120.000 € (gastos incluidos) y por el que paga un IBI anual de 480 € y unos gastos de comunidad de 50 €/mes. El valor catastral del piso este año es de 90.000 €, revisado en 2020, de los que el 30% corresponden al suelo. Desde que lo compró lo tiene alquilado por 1.000 €/mes a un matrimonio que lo emplea como vivienda. El contrato de alquiler termina el 30 de junio de 2025 por lo que Sebastián lo pone a la venta. El 31 de diciembre consigue formalizar la venta por 110.000 €, teniendo que hacer frente a unos gastos relacionados con la venta de 2.000 €.

La hija del Sebastián presta servicios en su despacho profesional para una gran variedad de clientes y, para la determinación del rendimiento neto de su actividad económica, utiliza el método de estimación directa simplificada. Los ingresos y gastos derivados de su actividad profesional son los siguientes:

- Ingresos por minutas profesionales: 120.000 €.
- Sueldos y salarios (secretaria que trabaja desde el inicio de la actividad): 21.000 €.
- Seguridad social secretaria: 4.900 €.
- Cuota SS autónomos: 1.500 €.
- Gastos de luz (potencia contratada superior a 10kw) gas y teléfono: 2.150€.
- Suministro de agua: 150 €.
- Material de oficina comprado y consumido en el ejercicio: 1.500 €.
- Suscripción de revistas profesionales: 500 €.
- Dotación amortización del inmovilizado material, según coeficiente máximo de tablas (simplificada): 6.000 €.
- Alquileres (local donde lleva a cabo su actividad profesional): 20.000 €.
- Pérdidas por deterioro de crédito correspondiente a deudas del primer trimestre: 12.000 €.
- Pagos fraccionados realizados: 7.051 €.
- Retenciones practicadas: 3.000 €.

Vende a un particular el 1 de enero de 2025 por 900 € una máquina fotocopiadora que venía utilizando en su actividad económica. Dicha máquina la adquirió el 1 de enero de 2022, entrando en funcionamiento en ese momento, por 1.800 € y la ha venido amortizando un 26% cada año (coeficiente máximo según las tablas del régimen de estimación directa simplificada).

Como información adicional a la actividad de asesoría financiera, se sabe que no ha hecho uso nunca del art. 103 LIS.

Se pide:

a) Determinar la/las posibles unidades familiares que existen y, en consecuencia, hacer las declaraciones de IRPF que permitan minimizar la deuda tributaria de los sujetos arriba indicados.

b) ¿Cambiaría la respuesta anterior si al hermano de Sebastián se le practicara una retención del 2% de su pensión?

c) Liquidar el IVA de la hija de Sebastián.

d) ¿Qué cambiaría si en vez de una máquina lo que hubiera vendido hubiera sido un local que utilizaba para almacenar la documentación de los clientes y que había comprado nuevo?

e) Indicar si alguna de las operaciones que realiza Sebastián está sujeta al IVA.

f) ¿Cambiaría la respuesta anterior si el inmueble que tiene alquilado tuviera como arrendatario una sociedad anónima que lo utilizara en su actividad económica?

ÍNDICE